企→业→日→常→管↓理←系←列←丛←书

企业资本运营常见问题清单

陈竹妹
编著

地震出版社
Seismological Press

图书在版编目(CIP)数据

企业资本运营常见问题清单 / 陈竹妹编著 . -- 北京 : 地震出版社 , 2021.8
(企业日常管理系列丛书 / 陈明星主编)
ISBN 978-7-5028-5237-5

Ⅰ . ①企… Ⅱ . ①陈… Ⅲ . ①企业管理—资本经营 Ⅳ . ① F275.6

中国版本图书馆 CIP 数据核字 (2021) 第 095743 号

地震版 XM4565/F(6098)

企业资本运营常见问题清单
陈竹妹 编著
特约编辑:段会敏 冯晶晶
责任编辑:范静泊
责任校对:凌 樱

出版发行:地震出版社
北京市海淀区民族大学南路 9 号 邮编:100081
发行部:68423031 68467991 传真:88421706
总编室:68462709 68423029
证券图书事业部:68426052
http://seismologicalpress. com
E-mail:zqbj68426052@ 163. com
经销:全国各地新华书店
印刷:北京柯蓝博泰印务有限公司

版(印)次:2021 年 8 月第 1 版 2021 年 8 月第 1 次印刷
开本:710 × 960 1/16
字数:308 千字
印张:17.5
书号:ISBN 978-7-5028-5237-5
定价:55.00 元

前　言

PREFACE

常言道：“不想当将军的士兵不是好士兵！”每个人都应该有自己的职业追求，将自己锻炼成为一名出色的职场精英。有了目标，工作起来才有劲头，才会让自己获得长足的发展。

工作就是在解决问题，解决问题的水平体现了一个人工作能力的高与低。如何在日常工作中，通过解决每个实际问题而不断提升自己的工作能力，是每个人晋升和自身发展亟待解决的问题！为此，我们特别编写了“企业日常管理系列丛书”。

该丛书包括：《财务工作常见问题清单》《采购管理常见问题清单》《仓储管理常见问题清单》《新产品运营管理常见问题清单》《供应链管理常见问题清单》《行政工作常见问题清单》《绩效管理常见问题清单》《客户服务常见问题清单》《企业资本运营常见问题清单》《人力资源工作常见问题清单》《商品配送管理常见问题清单》《生产管理常见问题清单》《物流服务常见问题清单》《销售团队管理常见问题清单》《促销管理常见问题清单》《项目运营常见问题清单》《国际贸易管理常见问题清单》《大客户销售常见问题清单》，共18本，对日常工作常见问题和容易忽略的细节问题进行了梳理，并在整体上架构了不同职位人士的日常工作模型，让每一项工作一目了然，细节无遗漏，工作不失误。读者可以根据自己所需即查即用，工作问题轻松解决。

本丛书有如下特点。

第一，能帮助读者重新梳理自己的工作问题，让工作脉络更加清晰。

第二，能帮助读者加深对每项工作的理解，书中既有针对工作问题的规范性操作，也有经验性的总结，两者的完美结合会对工作问题的解决起到了事半功倍的作用。

第三，每项工作都设有工作场景描述，读者可以根据工作需要，即查即用，不致在漫天的文字中间寻找答案，非常实用、方便。

第四，能帮助读者养成总结工作经验的习惯。

第五，引导读者形成“问题导向”的工作意识，从此进入自我提升的快车道。

本丛书认真选取了当下企业中的热点职位及重点部门，从日常工作的实际问题出发，针对每个工作问题进行了思路拓展性解读与分析，给出了经验性的总结阐述，可改善从业者的当前工作局面，为从业者搭建起提升工作能力的可靠阶梯，也为相关专业工作人员全面提升业务水平提供了可借鉴的方法。

现代企业通常被形容为左手资本，右手产品。可见，资本运营处于企业发展的核心地位。从投资到融资都是资本运营的范畴，一个项目或者一个企业，擅于做资本运营，则企业借力发展、日新月异。大规模的资本运营需要缜密的操作，企业要注重对每个细节的处理。

本书倡导“企业资本运营工作清单式管理”，以“企业资本运营工作常见问题”为主题展开，全面梳理企业资本运营工作中遇到的常见问题，嵌入“问题导向”的思维意识，重新梳理各项企业资本运营工作，并运用操作规范指导与工作经验提示相结合的表达方式，全面阐述企业资本运营工作的每个关键点。

这是一本揭开企业资本运营工作“问题导向”思维方法的书。读者朋友可以对照企业资本运营工作常见问题，即查即用。

本丛书在编写过程中，得到了相关从业者及工作伙伴的大力支持和配合，在此一并表示感谢！

目 录

CONTENTS

第1章 企业投资准备期常见问题

第2章 企业投资实施常见问题

第1章

企业投资准备期常见问题

投资战略是企业发展战略的重要组成部分，确立切实可行的战略目标是企业未来发展战略得以实现的基本条件。投资战略的实施直接关系到企业的整体布局、发展速度和增长潜力，直接影响企业今后的经营行为、资产运作和管理政策等。成功的投资战略不但能够提高和保持企业的竞争优势，而且能为企业的发展积累强大的物质基础。反之，失败的投资战略可能会将企业引入歧途，推向破产。

1.1　如何确定企业的投资战略

工作场景描述

当需要制订企业的投资战略目标，并作可行性分析时，可查看。

解读与分析

企业投资战略是企业根据自身的发展需要与现有资源的可利用程度而制订的资源投入的策略，旨在为企业的经营提供“硬件”，为企业总体战略的实现提供保障与支持。通过投资战略的实施，企业可以实现内部产品结构、资本结构的调整和优化，改善经营环境，进而保持持久的竞争力。

因此，在确定企业的投资战略时，应首先分析并明确企业投资战略的目标，对收益及风险做科学评估，在此基础上，做出可行性分析。

1.确定投资战略的目标

从投资战略与企业整体发展战略的相互关系来看，一个企业所要实现的战略目标，在很大程度上依赖于其投资战略的实现。这是因为投资战略不仅直接关系到企业的整体发展布局、走向、速度和增长潜力，而且直接影响到企业今后的经营行为、资产运作和管理政策等重大方面。一般而言，企业投资战略的制订，必须满足以下三个目标。

（1）投资战略要有利于企业的持续发展。

（2）投资战略要有利于企业在经营项目和投资领域上形成多元化的格局。

（3）投资战略要有利于企业经营空间的广泛化，最好能把国内外资源结合起来。

2.投资的收益和风险分析

具体来说，为了确保投资战略目标的实现，企业就要在充分分析不同投资行为的收益和风险的基础上，制订投资战略的具体实施措施。投资战略可从追逐收益和控制风险两个方面来考察。

（1）追逐收益。从企业经营的角度看，追逐收益是投资最基本的目的。为了获取高额投资回报，企业在决定投资策略、选取投资项目时，要尽可能选择可以为企业带来最大投资收益率的项目，并将资金投放于未来可以带来最大收益的资产之上。同时，企业还要敢于进行创新性的投资，即敢先于其他企业将资金投放于一些有成长性的、具有潜在回报的新兴产品或项目上，通过时间上的领先优势而保持或增强企业的创新力，以此来获取最大收益。

（2）控制风险。控制风险是确保企业投资收益实现的不可或缺的手段。投资收益的不确定性就是投资风险，任何投资在获得预期收益的同时也必然伴随着不同程度的风险，收益在一定意义上是和风险成正比的。一个企业采取上述投资方法之后，有可能为其带来最大的投资收益。但是，一旦失误，也会给其带来巨大的投资损失。在现实中不乏因忽视控制投资风险而导致企业倒闭的案例。从控制风险的角度看，企业采取的投资策略应是相对保守的策略。该策略要求企业不可贸然地向新兴产品、项目或行业投资，也不可将资金过多地投放于长期资产之上，而是要求企业多向成熟行业投资，并使资产保持足够的流动性，以应付可能出现的投资失误。

3.投资的可行性分析

一个企业在制订投资战略的时候，除要充分估计投资风险之外，还要能准确地判断企业对风险的承受能力，只有这样，才能确保投资战略的顺利实施。因此，在制订战略决策时，对宏观政策、市场前景、技术水平、风险和经济效益等重点进行可行性分析研究，就很有必要。

（1）准确掌握国家宏观政策，把宏观必要性和微观可行性紧密结合起来。

①投资项目是否符合国家一定时期的政策、规划；

②投资项目是否符合国家的产业政策，是否符合本地区和部门的行业规划；

③投资项目的资源配置是否合理，是否能促进企业经营结构的优化；

④投资项目是否能把科研成果，特别是高科技成果转化为生产力；

⑤投资项目是否能取得良好的环境效益、经济效益和社会效益。

（2）科学预测市场前景。

要充分考虑市场范围、空间，近期与远期时效，做潜量预测和发展趋势预测。企业在经济活动范围内要进行宏观预测和微观预测，宏观上要从全国、大区市场角度进行预测。

①对出口产品来说，重点是世界范围内同类产品市场预测；

②微观上，主要是在投资项目所在地区范围内进行市场预测；

③空间层次上，主要是对国际市场和国内市场进行预测；

④从产品时效角度，预测分为近期（1年以内）、短期（1～2年）、中期（2～5年）和长期（5年以上）预测；

⑤使用定性与定量分析的方法进行预测，定性市场预测主要是对市场性质、属性等方面进行预测，定量市场预测主要是对市场的发展状况、程度、范围等方面进行预测；

⑥将综合性预测与专项预测紧密结合。

综合性预测是从整个区域市场的发展趋势中，预测出市场购买力和商品可供量的差异量，从而提出促进生产、指导消费的措施和办法；专项预测是对某一个专项（如吃、穿、用）的市场变化或耐用消费品的需求趋势和变化进行预测。

（3）进行技术水平方面的分析。

在投资项目可行性研究中，在技术的选择和采用上，要避免使用落后的或即将被淘汰的技术。对技术水平的分析，要从以下几点入手。

①技术的先进性。无论是引进的技术投资项目还是国内的投资项目，其技术水平都不应该低于国内现有的成熟技术的水平。

②技术的适用性。在考虑采用先进技术时，要从有利于取得最佳经济效果角度出发，必须充分考虑与企业生产能力相配套、消化能力相适应，处理好技术的先进性与适用性的关系。

③技术的可行性。投资项目所用的技术，如采用国内的科研成果，必须经过工业试验和技术鉴定；如引进国外工艺、技术、设备，必须符合国情，必须成熟。

④技术的经济性。投入与产出的关系合理，生产成本低，能获得较好的经济效益。

⑤遵守国家技术政策、法律、法规、标准和规范。它关系到投资项目是否安全、可靠和能否为市场接受。

（4）风险性预测分析。

风险性预测分析是对投资项目可能产生的不良后果进行预测分析，并制订防范和化解的对策，以达到投资的预期目的。

（5）经济效益预测分析。

投资项目可行性研究的经济效益预测分析要从两个方面进行。

①投资项目的财务分析。它是从项目本身运转的财务角度研究项目盈利状况、借款偿还能力，根据项目建设中及建成后直接发生的财务收支来计算项目的费用和效益。

②投资项目的经济效益分析。投资项目的经济效益分析采用行业基准收益率和官方汇率，根据项目直接发生的财务收支确定并考察项目的直接费用和直接效益，并用现行市场价格计量该费用和效益。经济效益分析运用产值、生产成本、税负、利润及利润率等指标来反映企业的经营成果。

面对当今日新月异的社会经济发展形势，对任何形式的投资项目，企业都必须进行客观谨慎的可行性研究，“以市场为前提，以技术为手段，以效益为核心”，做出科学的评价，这样才能顺利实施投资战略，并取得相应的经济效益和社会效益。

关键点提示

进行投资的可行性分析时应：

1.准确掌握国家宏观政策；2.科学预测市场前景；3.进行技术水平方面的分析；4.风险性预测分析；5.经济效益预测分析；

1.2　确定企业投资战略的步骤是什么

工作场景描述

当知道企业制订投资目标的原则和标准，以此构思长期投资行为的整体规划时，可查看。

解读与分析

一项投资战略的制订通常需要考虑许多因素，掌握确定投资战略的步骤和确定最优方案的一般标准，并做出正确的选择，尤其重要。

1.确定投资战略的步骤

如何确定投资战略，涉及战略实施的可靠性和可行性，同时也与投资的经济后果直接相关。确立一项切实可行的投资战略的步骤主要如下。

（1）正确认识确定投资战略的意义。

一项投资决策的实施，需要考虑本项投资的期望值是什么，即投资结果所具有的意义。不同的投资战略宗旨将直接影响到企业制订战略的价值取向和行为规范，进而影响到企业未来的基本走向和框架。

（2）正确认识投资战略实施的环境条件。

投资环境条件可以划分为内部条件和外部条件两部分。内部条件主要包括企业的资金、人才等资源的获得和储备情况，企业的管理、研究开发能力以及建立起来的利益和监督机制等；外部条件则主要是指国家的宏观经济政策、市场的容量、消费者的结构和倾向、融资条件和成本、竞争对手和信息传输方式等。企业在做出战略选择前必须对其所拥有的内部条件和外部条件进行认真研究，不同的条件最终将对投资战略的选择、推行和实施结果产生直接的影响。

（3）制订多个投资战略方案，经过比较做出恰当的选择。

对于一个企业来说，在确定一项投资战略之前，需要将前述的各项条件，结合投资的目的进行认真、深入而又科学的分析和研究。通常企业需要将不同的投资方案进行定量和定性研究，在可比的基础上建立起投资模型，通过权益性、持续性和效益性比较，最后选定一个最优投资战略方案加以实施。

2.确定最优方案的一般标准

当同时存在着很多互相排斥的投资方案时，企业最高决策层必须在众多的备选方案中选出一个最优方案，即使面临的是单一投资方案，也要做出“采用”或“不采用”的选择。显然，企业在选择最优方案时应有一个客观标准，否则企业的选优、决策就难以进行。对一个企业来说，为进行投资决策而制订的标准可能是多种多样的，一般来说有以下几种：

（1）收益最大；

（2）成本最小；

（3）收益与成本之比最大；

（4）遭受损失的风险最小；

（5）资金周转速度最快；

（6）企业发展速度最快；

（7）企业的市场占有率最大；

（8）企业的信誉最好。

关键点提示

确定投资战略的步骤：

1.正确认识确定投资战略的意义；2.正确认识投资战略实施的环境条件；3.制订多个投资战略方案，经过比较做出恰当的选择。

1.3　如何选择企业投资的方向

工作场景描述

当企业想知道将资本投于何种行业或产品时，可查看。

解读与分析

企业投资方向与企业投资时机一样，都是战略性的企业投资问题。企业投资方向正确与否，直接关系到企业将来的发展、企业在市场中的竞争力等。

1.投资方向选择的内涵

投资方向选择是企业投资决策者为实现既定投资目标，比如利润目标，而对直接影响经营范围的投资的性质，投资的产业、产品流向和空间流向进行取舍的行为。投资方向选择的内涵直接表现为，解决企业在何地进行哪种性质的投资以及以什么为投资标的，即从根本上解决在哪里生产什么的问题。

从企业的社会立场出发，投资方向的选择直接决定其现实生产经营范围的大小和参与社会分工的状态。从投资运动方面讲，企业投资方向的选择决定其投资性质是新建还是更新改造，决定企业投资的产品流向和空间流向。不仅如此，企业投资方向的选择是否正确，直接关系到企业的生死存亡。从市场角度看，企业投资方向的选择意味着其能否存在和发展，这关键要看其是否严格遵循优胜劣汰的竞争规律。企业要想在竞争中获胜，在其他条件相同的前提下，投资方向的选择至关重要。

如果企业投资决策者选择了正确的投资地点和投资对象，企业就占了先机；反之，企业就会付出巨大的代价，甚至会遭受灭顶之灾。

2.选择投资方向时应考虑的影响因素

约束企业投资方向选择的因素主要有企业内部约束因素、企业外部约束因素。

（1）企业内部约束因素。

①企业投资决策者的偏好。比如，如果企业投资决策者偏爱新建项目，则企业投资

的性质便不大可能是更新改造；如果企业投资决策者看好并进入新的行业，则企业投资便难以进入原来所在的产业领域。企业投资决策者的偏好对企业投资方向的选择有着巨大的影响。

②企业的性质。如果企业专业性极强，比如这个企业只生产一台机器的某一零部件，那么，企业的专业化生产方向就是企业投资方向；若企业是集团性质的，其经营方向不是某一专业方向，而是多元化的，那么协作生产、多元化经营就是企业投资的方向。

③企业投资能力。企业投资方向的选择在一定程度上会受到投资能力的牵制，即使某一投资方向未来收益非常可观，但如果企业投资能力有限，就不得不放弃或者难以独立进行该方向的投资。

④企业技术水平。企业技术水平与其他企业的差异也应是企业投资决策者考虑的因素。在每一个时代，技术变革的进展都不是一条线看齐的，故存在不同技术水平同时存在的现象。企业究竟是选择更先进的还是继续使用现有的技术设备，涉及成本效益的对比及产品淘汰、市场开发等问题。

（2）企业外部约束因素。

①法律。有些生产领域的进入会受到严格的控制。不管这些领域的投资回报率多高，企业也不可以随便进入，一些企业甚至不能进入。

②产业政策。产业政策是市场经济条件下政府调控市场的重要手段之一。它是政府以发展为目标，对国民经济产业结构的变化进行干预，并协调价格、税收、金融、财政、外贸、外汇以及计划等调控手段构成的综合体系。在一定时期内，从市场调控的角度看，根据国民经济发展需要及对未来市场的分析和预测，产业政策会表现出强烈的国家宏观调控意愿，即鼓励什么、限制什么。这是企业投资决策者选择企业投资方向时必须关注和深入研究的内容。

③市场需求结构。企业投资决策者在做投资方向选择时，必须注意需求对价格的影响过程和价格对需求的影响过程。投资决策者不应投资其需求正趋近于零的生产领域，也应尽可能地避免向产品价格趋于下降的生产领域投资。

④资源供给。企业的存在和发展在很大程度上取决于企业在其所在领域对资源的占

有和支配能力及获取这一能力的成本的大小。如果企业向资源稀缺（或短缺）的生产领域投资，则难以获得充分的资源来保证生产的正常进行，使投资目标难以实现；或者付出巨大代价获得资源，导致生产成本上升，也使投资目标难以实现；或者根本就无法获得资源，使投资目标不能实现。

⑤拟投资地区的环境因素。它对投资方向选择的影响表现在两个方面：一是决定投资是否流向本地区；二是决定流向本地区的投资具体流向哪种产业（产品）。

企业内部约束因素、外部约束因素对企业投资方向选择的影响，归根到底是信息对企业投资方向选择的影响。投资决策者之所以能对企业投资方向做出正确选择，是因为收集的信息是完整的，对信息的理解和运用是正确的；反之，则是因为没有完整地收集信息，对已有的信息进行了不准确的理解或错误运用。

企业进行投资方向的选择时可能会遇到三大类信息：一是干扰信息，即与企业投资不相关的信息；二是企业投资活动中自身产生的信息；三是企业投资运行系统外部产生的信息，其并不能直接反映企业投资活动的效果，相应地也就不能直接用于生产经营而产生经济效益，必须经过一定的转化和过渡才能产生效益。

企业要想做出正确的判断，就必须排除一切干扰信息，完整准确地理解和把握企业投资活动中自身产生的信息及与企业投资活动相关的信息。

3.投资方向选择的一般原则

如果从企业的资源优势角度来看，投资方向的选择一般遵从以下原则：当企业资金雄厚时，可以选择资金密集型的投资战略；当企业技术力量和研发条件雄厚时，可以选择技术密集型投资战略；当劳动成本低，企业资金不足，技术条件不充分时，应选择劳动密集型投资战略。

一般而言，随着社会生产力的发展和企业的不断成长壮大，投资战略通常要经历由劳动密集型到资金密集型，再到技术密集型的转移。对于改变产品整体功能的投资战略，企业应特别注意权衡其失败风险与成功后所产生的垄断收益之间的关系，力争将投资风险降至最低。

关键点提示

企业选择投资方向时应考虑：

1.投资方向选择的内涵；2.选择投资方向时应考虑的影响因素；3.投资方向选择的一般原则。

1.4　如何决定企业投资的规模

工作场景描述

当已有投资方向的决策，继而需要决定企业的投资规模时，可查看。

解读与分析

一个企业有多少家底，限定了它投放于生产经营中的资产规模。为使这些有限的资源带来最大效益，又不致因过度投资而使企业陷入债务风险，确定投资规模很有必要。

1.确定投资规模时必须遵循的原则

（1）与资产规模相适应的原则。

企业资产规模是指企业所有固定资产、债券、股票、企业名称、商标等各种有形资产和无形资产的价值总量。企业现有固定资产规模是企业实力的硬性指标，反映了企业投资规模存量。债券、股票等有价证券以及企业无形资产是企业实力的基本指标。在确定企业投资规模时，常常要考察这两大指标。原则上，企业投资规模的最大值不得超过上述企业资产规模。

（2）规模经济原则。

每一个行业都有不同的投资规模界限，如果企业投资达不到这个规模，或者该规模超出了企业现有管理能力和资产实力，投资即使有效益，这种投资效益也会小于投资达到该界限时实际应该获得的投资效益，或者说存在生产浪费。

（3）与发展战略一致的原则。

企业发展战略确定了企业未来发展的走向和在不同阶段的资源投入次序、总量分布和结构安排。企业投资规模既要满足战略目标的要求，也要与企业投资计划相一致。

（4）清偿力原则。

负债经营基本上是现代企业经营管理的一种必然策略。企业为实现其发展目标，除了积累资金外，还会通过银行贷款、企业内部集资、发行企业债券等方法筹集资金，这些资金构成了企业投资的来源。所有负债都必须到期还本付息，这就会涉及企业的偿债能力。企业的规划投资规模一般不得超过企业偿债能力，否则会由于投资占款过多导致现金流不足或收益不能如期收回，还会因无法偿还到期债务而引发破产风险。

（5）弹性原则。

由于企业面对的是日益多变的市场环境，再精确的项目设计也会由于市场环境的变化而发生与现实大小不等的偏差。故一个企业投资规模的确定应留有一个可控制的区域，以保证企业的投资规模随项目设计的变化而变化。

2.企业投资规模决策的具体内容

与最基本的商品需求供给相同的是，企业投资规模决策也要从需求、供给两个角度来具体分析，即进行企业投资规模决策时应确定企业投资需要量和企业投资供给量。

（1）确定企业投资需要量。

投资需要量包括年度内新投资项目的投资需要量和以前投资项目在该年度内的计划投资需要量，即企业年度投资规模——需求规模。企业投资规模可以分为企业投资项目数量和企业投资价值总量。

企业投资项目数量或生产能力，是企业投资的实物规模，它主要取决于市场需求量，也取决于企业所投资的产业、产品流向的主体项目和配套项目的内在联系。

企业投资价值总量就是需要多少资金，它由企业投资实物总量和单位生产能力初始投资成本两个因素共同决定。

（2）确定企业投资供给量。

确定企业投资供给量就是确定企业投资项目所需资本的供给数量。企业投资供给量的大小取决于许多因素，其中最主要的是企业投资的来源及各来源的资本成本。当企业积累一定时，企业投资供给量的大小取决于企业积累中可用于企业投资的份额。当企业内部资本供应量一定时，企业投资供给量便取决于企业所用的筹资方式为资本所有者提供的投资回报的大小和相应的筹资成本。

因此，企业投资供给量的确定应充分注意以下几个方面：

①严格遵守投资不损害企业现行生产的原则；

②满足企业投资需求，保证资本供应，使企业投资目标顺利实现；

③严格区分企业资本公积金、盈余公积金、公益金、股东权益，在不损害补偿性支出、消费性支出和股东权益支出的前提下，确定合理的企业积累规模，保证企业投资的内部供给具有可行性；

④认真权衡不同筹资方式的利弊及成本，选择恰当的筹资方式，以保证企业投资的外部供给。

3.确定投资规模的基本方法

（1）搞好市场调查。市场调查的主要目的是摸清产品的市场容量，了解产品的市场前景，为确定投资与否及投资规模提供依据。

（2）进行投资经济和财务分析。具体步骤是，首先确定企业投资规模的下限，然后确定企业投资规模的上限，再根据企业的总体实力、偿债能力、战略目标等确定适当的企业投资规模。具体方法有如下几种。

①横向经验分析比较法。横向经验分析比较法是通过对同行业、同技术水平的企业不同投资规模的比较，确定企业投资规模的一种方法。这种方法特别强调采用同技术水平生产同种产品的不同规模的比较，这可使投资决策者清楚什么样的投资规模是合理的。采用这种方法确定企业投资规模时，必须进行大量的调查研究。首先，要对尽可能多的具有代表性的同类企业，包括规模最大、最小和中等水平的企业进行分析比较，然后要对这些企业的生产组织、经营管理、产品成本及其他技术经济指标等进行全面的分析对比，再根据市场竞争情况、市场需求量确定企业投资规模。

②盈亏平衡点分析法。盈亏平衡点分析法又称量本利分析法。它是一种根据投资项目在正常年份的产品产销量、成本费用、销售单价及销售税金等数据，计算并分析产量、成本和盈利之间的关系，从中发现三者之间存在的联系，确定项目成本和收益相等

时的盈亏平衡点的分析方法。

③成本效益分析法。产品成本与企业规模相关。开始时，企业规模扩大，单位产品成本降低；当企业规模扩大到一定限度时，单位产品成本开始上升。成本效益分析法是以投资项目的总收入相对最大、总成本相对最低、利润最高为目标，求取企业最优生产规模的方法。

④线性规划法。线性规划由目标函数和约束条件两部分内容组成。目标函数的对象可以是利润和成本等，约束条件则是实现目标的条件，如资源、资本、设备、原材料、工艺等。

现实中，企业实际投资规模一般会低于理论上的最大投资规模。这是因为企业可能设定了最低的投资收益率水平，从而放弃了一些投资收益率低于设定的最低投资收益率的投资项目；也可能因企业受管理能力的制约，从风险控制角度考虑，主动放弃了一些有利可图的投资项目；还可能因企业受筹资能力的限制，被迫放弃了一些有利可图的投资项目等等。

关键点提示

企业决定投资规模时应该明确：

1.确定投资规模时必须遵循的原则；2.企业投资规模决策的具体内容；3.确定投资规模的基本方法。

1.5 如何决定企业投资的结构

工作场景描述

当企业在一定的投资总额下决定投资各部分的比例关系时，可查看。

解读与分析

企业在进行投资时，不仅要看项目技术上的先进性、经济上的可能性，更应注重投资结构的合理性。企业投资结构也就是企业投资总量中各个分量之间的比例关系。它包括投资资金的来源结构、投资的产品结构、投资的使用结构、投资的时间结构和投资的空间结构。

投资结构的合理性直接影响到资产使用效率的高低，资产使用效率的高低又直接影响到风险水平和收益水平，因此，企业投资中需注意的一个重要问题就是如何恰当地组合资产结构。一般而言，它由企业所处行业、生产经营特征以及管理思想等因素所决定。比如，一个技术密集型企业投资固定资产、无形资产的比重就会高于一个劳动密集型企业，一个控股企业的长期投资占总资产的比重会大大高于一般生产性企业。

根据国内外的经验，一般投资几十亿元的投资项目的资本结构中，应含有20%～40%的自有资本金。也就是说，在投资当中，自筹资金（权益资金）不可或缺，然后可利用合作、集资入股和预售等方式筹集部分资金，最后再从银行贷款，且贷款比例不能太高。只有这样，企业的投资行为才能实现，企业才不致在不断变化的市场面前处于被动的地位，企业的投资才会得到预期的收益。

企业确定投资结构的原则如下。

1.正确处理积极投资与消极投资的关系

正确处理积极投资与消极投资的关系的实质是企业必须重视机器设备投资，即在企业投资配置上，应坚持以机器设备投资为主，以建筑安装工程和其他投资为辅。在企业投资配置的安排上，应优先保证机器设备投资，并使机器设备投资、建筑安装工程投资和其他投资相互协调。这样，才能保证企业投资目标的实现。

2.正确处理企业固定资产投资和流动资产投资的比例关系

在企业再生产过程中，固定资产和流动资产具有内在的依存关系，二者不可分割。没有适当规模的流动资产投资，则企业固定资产投资难以发挥作用；相反，没有固定资产投资形成的综合固定资产体系，企业也难以或无法正常进行生产。决定企业固定资产投资与流动资产投资比例关系的主要因素是企业所在行业，企业投资项目的特点、性质、经营策略以及企业的融资能力等。

3.正确处理新建和更新改造投资的关系

企业在一定时期内的新建投资和更新改造投资的关系，并非可以随意确定，它取决于许多因素。

①新建投资和更新改造投资比例关系的形成，受企业积累资金增长数量的制约。

②新建投资和更新改造投资各以多大幅度增长，还受制于企业能支配的物质要素的数量和质量，以及社会劳动力资源的状况。

③新建投资和更新改造投资的比例关系会受到企业竞争战略、决策者偏好的影响。

4.正确处理有形资产投资和无形资产投资的比例关系

市场经济条件下，市场在资源配置中基础作用的充分发挥，使企业必须在竞争中生存和发展。企业能否在竞争中发展壮大，主要取决于企业拥有多少无形资产。而无形资产的数量在其他条件不变时，取决于企业无形资产投资的水平。因此，企业必须重视无形资产投资，合理安排有形资产投资和无形资产投资的比例关系。科学技术是第一生产力。也就是说，将科学技术应用到生产过程中能改进、扩展劳动手段、劳动对象，提高劳动者素质。因此，企业重视无形资产投资就是要重视科学研究试验、产品开发、职工教育、商标注册、专利权的获得和人才培养等方面的投资，以促进企业劳动生产效率的提高，增强企业的竞争力为目的。

总之，企业进行投资时，要以科学的态度、准确的方法进行可行性论证，正确判断投资行为的可行性、优劣性，还要注意落实投资资金及正确确定资金的来源与构成。

关键点提示

企业确定投资结构的原则包括：

1.正确处理积极投资与消极投资的关系；2.正确处理企业固定资产投资和流动资产投资的比例关系；3.正确处理新建和更新改造投资的关系；4.正确处理有形资产投资和无形资产投资的比例关系。

1.6 如何具体规划企业投资运营程序

工作场景描述

当企业着手策划投资的总体过程并制订行动方案时，可查看。

解读与分析

对企业投资理论的理解是为了最终将投资这一行为应用到实践中，并产生预期的投资收益。这就要求企业决策者及管理层通过一定的规范性程序将投资构想变为具体的投资方案，将投资方案变为实际的资源投入，直至投资成功。

下面仅以固定资产投资为例，原则性地讨论企业投资运营程序的主要内容。

1.发现生产经营问题，确定投资目标

运用定性、定量的分析方法，找出影响企业进一步发展壮大的资源制约性因素，确定投资的方向、重点以及预期的投资收益。

2.进行调查研究

对市场需求、原料燃料动力供应和资金筹措等一系列问题做全面的调查了解。

3.提出项目建议书

根据我国目前的规定，项目建议书的主要内容应包括：项目投资的必要性和主要依据、市场预测、拟建项目的投资规模和投资方向、投资地点的选择、主要技术工艺设

想、投资测算与筹资方案、投资周期预计和投资效益估计等。

4.编制可行性研究报告

可行性研究是依据企业最高决策者同意的项目建议书，在投资调查和预测的基础上，对拟议项目从经济和技术方面进行分析论证。把项目建议书或者投资构想变为具体的投资方案，必须进行投资项目的可行性研究。企业投资的成败，除了受不可抗力因素的影响外，从某种意义上讲，完全取决于能否慎重地进行可行性研究。

5.编制设计任务书

设计任务书是计划投资项目的大纲文件，是确定投资项目与投资方案的基本范本，以此为主要依据，企业委托设计单位编制设计文件。当可行性研究报告经论证批准后，再以被推荐的投资方案为对象，编制设计任务书，其内容大体上与可行性研究报告相同。设计任务书在投资实施前可起到定项目、定方案的作用，它是编制设计文件的依据。

6.编制设计文件

在可行性研究报告或设计任务书经企业最高决策者批准后，企业应委托设计单位依据设计任务书编制设计文件。设计文件包括初步设计、总概算和技术设计。初步设计或扩大初步设计是根据业已批准的可行性研究报告或设计任务书，结合必要的准确的设计基础资料，对设计任务书规定的内容进行深化，做通盘研究、总体安排及概略计算，进一步在指定地点、时间、工艺流程和预算内，对项目在技术上、经济上的可靠性、合理性做综合性的设计规定，编制项目总概算，即大致确定能核算的投资成本。

7.施工准备

主要工作内容有：征地拆迁，“七通一平”（即通路、供水、排水、供气、供电、供暖、通信及场地平整），修建临时设施，组织设计图纸和技术资料供应，必要的建筑材料、专用设备和大型设备的储备等。

8.施工

申请开工报告，获得开工许可证，按部就班地开始施工。

9.生产经营准备

在企业投资项目进行施工的同时，投资者应积极地进行生产经营的各项准备工作。

这主要包括：组建生产经营领导班子和管理机构，招募、培训生产经营人员，落实生产经营条件，制订生产经营管理制度，其他开工生产前的准备事项。

10.竣工验收，投入使用

办理竣工结算等手续，交接各种资料，正式投入使用。

由此可见，从确定投资目标到竣工验收、投入使用，投资程序是一个完整的体系，具有不可分割性。正是通过严密的投资程序掌控，企业决策者可以在每一个环节及时发现问题、通报问题、解决问题，以确保项目的实施达到预定的目的，实现投入、产出、效益的及时转换。

关键点提示

企业投资运营程序的主要内容包括：

1.发现生产经营问题，确定投资目标；2.进行调查研究；3.提出项目建议书；4.编制可行性研究报告；5.编制设计任务书；6.编制设计文件；7.施工准备；8.施工；9.生产经营准备；10.竣工验收，投入使用。

1.7 如何设置企业的投资效益指标体系

工作场景描述

当企业想了解用哪种经济工具计算、统计投资效益时，可查看。

解读与分析

投资效益是企业通过投资活动中投入与产出的比较或者所费与所得的比较，来考核和分析投资效果的指标。由一系列相互联系的指标所构成的、反映投资效益全貌的定量分析系统，就是投资效益的指标体系。科学地设置投资效益指标体系是评价投资经济活动的客观要求，这能使进行投资的企业看清自己的活动成果，并担负起应尽的责任。

1.投资效益指标体系设置应遵循的准则

一般而言，投资效益指标体系的设置要围绕投资的功能和企业的具体运行特点来进行，并且须遵循以下几个准则。

（1）科学性。投资效益指标体系的设置必须建立在科学的基础上，这样才能客观、准确地反映投资效益。科学性体现在使用若干指标时应该注意以下几点。

①体现投资效益的本质特征和要求。在反映投资耗费时，投资额、投资利息支出等是重要的衡量指标；在产出方面，投资利润、投资收益等是重要的衡量标准。投资效益指标的设置应符合投资效益的本质特征和要求，这样才能从数量上准确地反映出投资效益的优劣。

②符合投资资金循环与周转的原理。设置投资效益指标时，既要利用使用价值和实物指标，又要利用价值和时间指标；既要全面综合地反映资金运动全过程的经济效益，又要分别反映资金投入、实施、产出和回收阶段的效益。这对于分析论证投资资金是否能实现良性循环，对于增强投资的价值观念、时间观念和资金周转观念至关重要。

③适应不同层次计算和评价投资效益的需要。投资活动涉及获得收益或承担责任的各个层次和环节，这些不同层次和环节的利益从根本上应当是一致的，但又有其相对独立性。应从投资的不同层面、不同层次设置评价指标，做到主要指标与辅助指标相结合，综合指标与单项指标相结合，以便于分别计算、评价、分析和考核投资项目的效益。

（2）系统性。投资效益是企业经营效益的重要组成部分，它与社会、经济系统有着密切联系。换句话讲，影响投资效益的因素是多方面的，并且各因素之间有着相互联系，所以必须用系统科学的思想来设计评价体系。

（3）引导性。评价本身不是目的，而是一种管理手段，企业要通过评价活动引导投资方向和投资规模，在市场经济的激烈竞争中探索适合本企业的有效措施。

2.投资效益指标体系的设置

对投资效益的衡量是建立在选取恰当的投资效益指标体系上的，每一个在市场中参与竞争的企业都要用为大家所公认的经济指标反映其经营成果的好坏。如果一个企业合理地选择既被社会认可又适合本企业经营发展的经济指标，并向一定的目标努力，就不会偏离企业的发展方向。一般而言，这样的经济指标包括投资收益率、投资回收期和利润增量等。

（1）投资收益率。投资收益率是指项目建成投产后，正常年份或达到设计生产能力的年份生产经营获得的税后利润与投资额的比率，它反映每单位投资额能给企业带来多少收益。其计算公式为：

投资收益率=投资收益/平均投资额×100%

具体地看，投资收益是含利息的税后收益，即税后利润与税后利息之和。平均投资额是相关资产的平均余额。在实际工作中，为了将投资收益率与筹资成本率相比较，以确定企业收益状况，一般均将投资收益率换算为年投资收益率。

年投资收益率=年投资收益/年平均投资额×100%

如果按投资收益形成的资产基础分，投资收益分为存量投资收益、边际投资收益、总投资收益、具体投资收益等。下面从总投资收益率、具体投资收益率和投资收益结构三个方面来讨论。

①总投资收益率。从财务角度看，企业各项投资之和就是企业各项资产之和，企业总投资就是企业总资产。所以，企业总投资收益率就是企业总资产盈利率，即：

总投资收益率=（税后利润+税后利息）/总资产平均余额×100%

将企业总投资收益率与企业负债成本率相比较，可以判断企业投资活动和筹资活动的得失。当总投资收益率大于负债成本率时，企业的投资和负债筹资可取；当总投资收益率小于负债成本率时，企业用负债资金投资不可取。不受企业筹资活动影响的企业总投资收益率代表了企业真实的盈利能力，用它与社会其他相同风险和不同风险的投资收益率相比较，可以直接判断企业真实盈利能力的强弱，从而有利于企业进行投资决策。

②具体投资收益率。具体投资是指企业投放于各类具体资产上的投资。这些资产的具体投资收益率可按下面的公式计算：

具体投资收益率=具体资产收益/具体资产平均余额×100%

一般来讲，一个以生产经营为主的企业，这类资产占总资产的比重比较小。

③投资收益结构。从理论上看，投资收益率由无风险收益率和风险收益率两部分构成，即：

投资收益率=无风险收益率+风险收益率×100%

无风险收益率，是指将资金投放于某一项目可以百分之百获得确定收益的收益率，如购买国库券的收益率就是无风险收益率。风险收益率，是指由于承受风险而要求的风险补偿收益率。投资承受的风险可分为许多类别，其中主要包括经营风险、币值变动风险、信用风险、变现能力风险、期限风险等。考虑投资收益结构的主要目的，在于使投资者根据风险与收益对等的基本原理，按其承受风险的程度来确定合理的投资收益率和折现率，减少投资决策的失误。

（2）投资回收期。投资回收期是指企业根据税后利润计算的收回项目全部投资所需要的时间。它与投资收益率反映同样的内容，只是形式不同。其计算公式为：

投资回收期=项目投资额/税后年利润

可以看出，投资回收期是投资收益率的倒数，其值越小，说明投资效果越好。

（3）利润增量。利润是企业积累和发展的基础，该指标越高，表明企业积累越多，可持续发展能力越强，发展潜力越大。一般用三年利润平均增长率指标反映企业的利润增长趋势和效益稳定程度，因为该指标能较好地体现企业的发展状况和发展能力，避免因少数年份利润不正常增长而对企业的发展潜力做出错误判断。

关键点提示

投资效益指标体系包括：

1.投资收益率；2.投资回收期；3.利润增量。

1.8　如何用静态评价法评价企业投资效益

工作场景描述

当不考虑资金的时间价值，而用静态评价法评价企业的投资效益时，可查看。

解读与分析

任何一个企业做出投资决策，最终目的都是获取收益，因此，要想确定某个投资是否合适、是否值得，就要评价投资效益的大小。基于对资金时间价值的不同考虑，基本的评价方法有静态评价法和动态评价法两种，本节先介绍静态评价法。

1.投资报酬率法

它是通过计算平均每年净收益与平均投资额的比率，来进行投资决策的方法。其计算公式如下：

投资报酬率=年平均净收益/平均投资额×100%

在选择投资方案时，应选择投资报酬率高的方案。

2.静态投资回收期（P_t）法

静态投资回收期也称投资返本期，是指投资项目投产以后以每年所得的净收益回收全部投资所需的时间。它是从财务角度反映项目投资回收能力的重要指标，其计算公式如下：

静态投资回收期=项目总投资/年净收益

静态投资回收期法，是用静态投资回收期来进行投资决策的一种方法。这种方法的最大优点是经济意义明确、直观，计算简便，便于投资者衡量投资项目承担风险的能力，同时在一定程度上反映了投资效果的优劣。因此，该指标在实际工作中应用广泛。其缺点在于：该法只能评价投资回收期以前的投资效益，而不能反映投资回收期之后的效益大小；由于该指标没有考虑资金的时间价值，无法正确判别投资项目的优劣，因此可能导致错误的决策，同时也没有考虑投资项目的寿命期及寿命期末的残值回收。

3.追加投资回收期法

追加投资回收期是指投资的方案用其每年所多得的净收益或节约的经营成本来回收追加投资所需的时间。追加投资回收期法是指甲、乙两个方案在进行对比时，用甲方案比乙方案节约的经营费来偿还甲方案比乙方案增加的那部分投资所花的年限，此计算结果要与各个产业部门根据自己的情况制订的标准值进行比较。这种方法又叫差额投资回收期法或增额投资回收期法，是评价互斥的投资方案的常用方法。该方法在两个投资方案的比较中具有直观、简便的特点，但是，它仅仅反映不同投资方案的相对经济性，并不能说明投资项目本身的经济效果。其计算公式如下：

追加投资回收期=（甲方案的投资–乙方案的投资）/

（乙方案的年经营费–甲方案的年经营费）

如果有两个以上方案，则进行循环比较，即开始时比较两个方案，从中选出较佳的方案，将其与后面任何一个方案进行比较，再选出较佳的，如此循环比较下去，最终选出最佳方案。

4.总费用法

从生产规模相同的方案中选择经济效果最佳的投资方案时，主要考虑两个因素：一是投资额；二是工程项目投产后生产经营活动所耗费的经营费用。固定资产投资是一次性费用，经营费用是经常性费用，两者性质不同，不能相加。为了便于比较，必须将一次性费用换算成经常性费用或将经常性费用换算成一次性费用。总费用法就是采用后一种形式，即以基本建设投资为基础，将工程项目投产后的经营费用乘上项目服务年限（服务期），把经营费用换算成等值的总费用，加上基本建设投资，然后进行方案比较的一种方法。其计算公式为：

$$总费用=基本建设投资+年经营费用\times服务年限\times100\%$$

值得一提的是，用此方法对方案进行比较时有一个条件：相比较方案的项目服务年限相同。

5.年费用法

与总费用法相反，年费用法是将一次性费用换算成经常性费用，即以投产后的年经营费用为基础，将基本建设投资除以服务年限，把基本建设投资换算成等值的年投资额，加上年经营费用，然后进行方案比较的一种方法。其公式为：

$$年费用=年经营费用+基本建设投资/服务年限$$

静态评价法的优点是计算简便，易于理解；缺点是不精确，没有考虑资金的时间价值，得出的结论有一定的片面性。对短期投资方案做粗略评价时，此方法简易实用，但在多数情况下还需要结合考虑资金时间价值的动态评价法一起来分析。

关键点提示

用静态评价法评价投资效益的方法有：

1.投资报酬率法；2.静态投资回收期（P_r）法；3.追加投资回收期法；4.总费用法；5.年费用法。

1.9 如何用动态评价法评价企业投资效益

工作场景描述

当考虑资金的时间价值而用动态评价法评价企业的投资效益时，可查看。

解读与分析

静态评价法的一个缺陷是未考虑资金的时间价值，而资金的时间价值是影响投资效果的重要因素。因此，要想对投资项目进行更全面、更科学的评价，企业必须采用动态评价法。动态评价法主要有以下几种方法。

1.净现值（NPV）法

NPV是指一项投资的未来收入的总现值超过原投资额和其他投入的现值的量。任何一项固定资产投资，如果未来能获得的总收入比投入的总金额多，这项投资就是有利的。人们一般把所有资金流入和流出都按一定的利率（折现率）折算成现值，再进行比较。若现金流入的现值大于或等于现金流出的现值，即净现值是正数或零，则该项目是可行的，否则就是不可行的。这种方法适用于收入已知的情况。

应用净现值法的步骤如下。

①对每年的净现金流量进行预测。

年净现金流量=年现金流入量–年现金流出量=

年使用该项固定资产所获收入–年经营费用

②将每年净现金流量折算成现值。

③计算净现值。

净现值=$\sum$各年净现金流量现值

净现值大于0，表示该项目的投资不仅能按要求的基准投资收益率获得预定的经济效益，还能获得超过基准投资收益率的收入，该项目在经济上是可行的；净现值小于0，表示该项目达不到基准投资收益率所预定的经济效益，该项目在经济上不可行；净现值等于0，表示该项目的投资等于基准投资收益率所预定的经济效益，在经济上仍可视为可行。

2.净现值比率（NPVR）法

这种方法是在NPV法的基础上发展起来的，可以作为NPV法的一种补充。NPVR是投资方案的净现值与投资现值之比，反映单位投资现值所获得的净现值。它是根据固定资产投资方案的净现值比率的大小来判定该方案是否可行的方法，适用于不同方案的比较。其对于提高资金利用效率，加强资金运用的管理有重大意义。

其判定方法如下：

①净现值比率等于0，投资方案的净现值等于该方案投资金额的现值，方案可行；

②净现值比率大于0，说明该方案可行，比率越大，表示该方案越优；

③净现值比率小于0，则表示该方案不可行。

若固定资产在期初一次性投入，则公式中的分母就是原投资额；若分期投入，则必须把各期投资折算成现值，然后才能加以计算。

3.内部收益率（IRR）法

内部收益率（IRR）是指能使投资项目的净现值等于零的折现率，是一项固定资产投资在其寿命周期内按现值计算的实际投资收益率。

这种方法适用于投资效益可以预估的投资方案的论证。内部收益率法根据方案的内部收益率，检查其是否高于或等于该企业原定的收益率，从而进行方案的取舍。内部收益率高于或等于原定的收益率，则方案可行，否则方案不可行。IRR法的显著特点是它考虑了资金的时间价值及投资方案在整个寿命周期内的经营情况，另外还有一个独特的优点：不需要事先给定折现率，而可直接求出。

投资方案内部收益率的计算步骤如下。

（1）先估计一个折现率，按此比率求算各期净现金流量的现值，然后加总，即先求出方案的净现值。若净现值大于0，则估计折现率小于实际投资收益率；如净现值小于0，则估计折现率大于实际投资收益率。经过逐次测试，最终找出使投资净现值由正到负的两个邻近的折现率。

（2）根据上述使投资净现值由正到负的两个邻近的折现率，采用插入法求出能使净现值等于零的折现率，这个折现率就是该方案的内部收益率。

4.外部收益率（ERR）法

外部收益率是指投资的终值与各年的净现金流量按基准收益或设定的折现率计算的终值之和相等时的收益率。相对说来，ERR比IRR的经济意义更为合理，因为ERR关于再投资的假设比较符合实际，而IRR的假设前提往往难与实际相符。另外，ERR可避免多解，计算简单，常能直接求出精确解。

5.动态投资回收期法

动态投资回收期是在一定折现率或基准收益率下，投资项目用其投产后的净收益现值回收全部投资现值所需的时间。该指标突出了投资资金的回收速度，但没有考虑投资回收以后的现金流量，没有考虑投资项目的使用年限和期末残值。动态投资回收期指标只能作为投资效益评价的辅助指标，只有在资金特别紧缺，投资风险很大的情况下，才能把动态投资回收期作为评价投资项目方案最主要的依据之一。

动态投资回收期法的优点是不仅考虑了开发项目的整个投资过程，而且考虑了货币的时间价值，因而能更深入全面地分析开发项目在财务上是否可行，其缺点是计算复杂。

关键点提示

用动态评价法评价企业投资效益的方法有：

1.净现值（NPV）法；2.净现值比率（NPVR）法；3.内部收益率（IRR）法；4.外部收益率（ERR）法；5.动态投资回收期法。

1.10　如何分析不确定因素对投资收益的影响

工作场景描述

当需分析投资中的不确定因素对投资收益的影响时，可查看。

解读与分析

在企业投资方案投资收益评价中，由于所使用的资料大多是通过预测或估算得到的，不可能与未来实际发生的数据完全吻合，因此其中任何一项资料发生变化，都会影响到评价的结论。这将导致财务评价的某种不确定性。企业如果不对这些不确定性因素进行充分的分析，就有可能导致投资决策失误。从这一点上讲，不确定性分析是项目评价中一个必要且关键的环节。

企业进行不确定性分析，就是为了使投资决策更加科学、更加可靠。它通过采取一定的方法，以主要因素为主，查清不确定性因素的各种来源，深入研究它们对经济效益乃至整个投资项目的影响程度。

1.在实际评价工作中主要分析的不确定性因素

（1）价格变动，包括价格调整和通货膨胀。价格变动会直接或间接地影响投资费用的变化、经营成本的变化、产品销售价格的变化。

（2）技术装备和生产工艺的变革。当企业引进新工艺、新技术、新设备时，评价项目时估计和使用的基础参数就将随之变化。

（3）生产能力的变化。生产能力的变化会影响生产成本和销售收入的变动，从而改变各种经济效益指标。

（4）投资费用的变化。项目投资费用的变化，会导致项目的投资规模、经营成本和销售收入等经济指标的变化。

（5）经济形势的变化。随着经济形势的发展，相关法律法规可能会有所变化，这会给投资项目评价带来不同程度的不确定性和投资风险。

2.不确定性分析的基本方法

不确定性分析的方法很多，其中最常用的是盈亏平衡分析、敏感性分析和概率分析。

（1）盈亏平衡分析。

以下各式中，S为总销售收入；C为总成本费用；M为盈利；X为产量（或销售量）；P为产品售价；F为总固定成本；V为单位产品变动成本，Q为设计规模（产量）。

$$M=S-C$$

$$M=(P-V)\times X-F$$

根据平衡点的定义，决策的临界标准应为盈利等于零。因此，使盈利为零的产量点称为产量盈亏平衡点。记平衡点产量为X_0，则由$(P-V)\times X_0-F=0$得：

$$X_0=F/(P-V)$$

此时，平衡点销售收入：

$$S_0=P\times X_0=P\times F/(P-V)$$

平衡点销售价格：

$$P_0=\frac{F+V\times X_0}{X_0}=\frac{F}{X_0}+V$$

平衡点生产能力利用率：

$$\eta=X_0/Q\times 100\%=\frac{F}{Q\times(P-V)}\times 100\%$$

因此，欲使项目盈利，必须满足：

$$(P-V)X-F>0$$

即

$$X>F/(P-V)=X_0$$

当项目亏损时，$(P-V)X-F<0$，即$X<F/(P-V)=X_0$。

根据国外的经验，η若低于70%，则项目比较安全，或者说可以承受较大的风险。

（2）敏感性分析。在项目初选阶段，通过敏感性分析，企业可以从几个不同的方案中选择出敏感度较小，即风险较小的项目作为投资方案。在项目经济评价阶段，通过对可能出现的最有利与最不利的经济效益变动范围进行分析，企业可预测可能出现的风险程度，并对原投资采取某些控制措施或寻找可替代方案，为最后确定有效可行的投资方案提供可靠的决策依据。

敏感性分析的步骤如下。

①确定具体经济效益指标。在项目的机会研究阶段，各种经济数据不完全，可信程度不高，常使用简单投资收益率和投资回收期指标；在项目的初步可行性研究和详细可行性研究阶段，经济评价指标主要采用净现值或内部收益率，通常辅之以投资回收期指标。敏感性分析应围绕这些指标进行。一般而言，敏感性分析所采用的指标应与经济评价指标一致，不应超出所选用的经济评价指标范围而另立分析指标。当经济评价指标不少于两个时，敏感性分析可以围绕其中最重要的一个或一部分指标进行。

②选择不确定性因素。针对投资项目本身的性质、特点，重点分析那些对经济效益指标有重大影响，并在建设期和生产期内最有可能发生变动的因素。通常共同的不确定性因素有：原材料价格、总投资、产品价格、建设工期等。

③计算各不确定性因素对经济效益的影响程度。具体方法是：按照预先指定的变化幅度（如 ±10%、±20%），改变某一个不确定性因素，其余因素保持不变，计算出这时的经济效益指标，并与原方案进行对比，得出其变化幅度（变化率）。变化率越大，则该不确定性因素越敏感，对经济效益指标的影响越大。

④绘制敏感性分析图。为了更直观地看出各不确定性因素的变化对某项经济效益指标的影响，企业可以绘制敏感性分析图：一般用纵轴代表某项经济效益指标的数值，横轴代表不确定性因素的变化幅度。

（3）概率分析。概率分析是使用概率来研究预测不确定性因素和风险因素对项目经济效益指标影响的一种定量分析方法。根据项目特点和实际需要，在有条件时，企业应进行概率分析。概率分析的步骤如下。

①任选一个不确定性因素为随机变量，将这个不确定性因素的各种可能结果一一列出，并分别计算各种可能结果的效益。

②分别计算各种可能结果出现的概率。概率的计算一般依过去的统计资料进行，也

可根据项目可行性研究人员的经验得到主观概率。

③根据以上资料，计算在不确定性因素作用下的效益期望值：

$$E(X)=\sum_{i=1}^{n}X_iP_i$$

式中，$E(X)$为不确定性因素的效益期望值；X_i为不确定性因素可能出现的第i个数值；P_i为当不确定性因素为X_i时的概率值；

$$\sum_{i=1}^{n}P_i=1$$

④计算方差和标准差，计算标准偏差σ。它表示数学期望值与实际值的偏差程度，计算公式如下：

$$\sigma=\pm\sqrt{\sum_{i=1}^{n}(X_i-\overline{X})^2P_i}$$

式中，$\overline{X}$为不确定性因素各种取值的平均值。

⑤综合期望值$E(X)$和标准差（σ），确定项目的效益水平及获得此效益水平的可能性。

一般来说，在正态分布条件下，$E(X)\pm\sigma$的可能性为68.3%，$E(X)\pm2\sigma$的可能性为95.4%，$E(X)\pm3\sigma$的可能性为99.7%。

也就是说，预期收益水平在$E(X)\pm\sigma$范围内的可能性为68.3%，在$E(X)\pm2\sigma$范围内的可能性为95.4%，以此类推。

不确定性分析对于更为准确地规划未来，提高预测决策结论的精确性和实用性，针对各种不同可能情况采取相应对策，提高企业防范风险的能力，是有相当强的现实意义的。

关键点提示

不确定性分析的基本方法：

1.盈亏平衡分析；2.敏感性分析；3.概率分析。

1.11　如何提高企业的投资效益

工作场景描述

当在经营投资中想获得满意的收益时，可查看。

解读与分析

投资的最终目的是按期回收最初投入的全部本金，并得到相应的回报。一旦确立了资金的投入和回收计划，企业应该力求实现既定目标，否则会在偏离目标的同时不知不觉地丧失了效益。企业投资效益的高低是许多因素共同作用、综合影响的结果。要想提高投资效益，企业必须从投资开始到资金回收全过程的各个环节中寻找对策。

1.市场细分与目标集中战略的选择

任何一个企业，无论其规模有多大，都不可能同时满足所有客户的要求，而只能根据实际情况，以市场为导向，为本企业寻找一个目标市场，满足某一部分客户的要求。也就是说，每个企业都必须明确：本企业是为满足哪一类客户的哪一种需求而从事生产和经营的。

这就要求企业防止出现投资规模过大，战线过长，遍地开花的状况。没有落实资金的项目坚决不允许上马，以防止项目久拖不决、久建不竣或半途而废；上马的项目资金要有充足的保证，以尽快建成，形成生产能力。

2.关注经济周期

我国已经逐渐融入经济全球化的潮流之中，经济大环境不但受到外部经济的冲击，而且受到客观经济规律的制约。经济周期是大多数经济部门和不同国家共同存在的一种经济运行的现象。在我国经济发展的不同时期，已经先后出现过经济过热与萧条的情况，对无数个实力不等的大大小小的企业来说，每一次经济波动都是一种严酷的考验。企业如果能在经济周期到来之前，对经济形势有一个正确的判断，及时调整投资战略，做好成本费用计划，那么，危机一旦到来，就不会出现捉襟见肘、疲于应付的局面。

3.提高投资决策的科学性

投资决策正确与否，直接关系到项目的微观效果的好坏。进行项目决策时，首先要根据项目建设的必要性、技术上的可行性和经济上的合理性进行调查并做出评价，然后根据动态资料和静态资料写出项目建设的可行性调查报告，经过技术和经济评价，最后做出投资决策。总之，投资决策水平越高，越能提高投资的经济效益和社会效益。

4.加强施工管理，缩短工期，提高工程质量

工期的长短，质量的好坏，决定着工程造价。在施工过程中，要努力实现施工工业化，应用现代化的管理方式，提高建筑安装的劳动生产率，把缩短工期、提高工程质量、降低造价等措施具体落实到施工管理活动中。

5.加强对投资资金的管理

在企业投资管理中，对投资资金的管理是最重要的环节之一。首先，企业应考虑各种筹资手段的资金成本，合理组合各种筹资方式，追求成本最低、风险最小，保证项目所需资金能及时供应。其次，企业要加强投资资金管理，注重节约资金，比如降低各种消耗，减少资金占用，加速资金周转，以提高投资效益。

6.加强项目投产后的经营管理

投资的最终目的不是建造固定资产，而是取得经济效益。企业投资效益最终要通过项目投产后的生产经营来实现。投资项目的生产过程不仅是对项目效益的检验过程，也是投资效益逐步得到实现的过程。所以，投资要想取得最佳效益，就要加强投产项目的经营管理。

首先，要努力使产品年产量达到设计的生产能力，质量达到设计要求。达到设计要求的时间越短，取得的效益就越好。

其次，不断改善生产管理，采用先进的管理办法，实行各种形式的经济责任制，使生产者的贡献与收入紧密结合，调动生产者的劳动积极性。

最后，要不断对职工进行技术培训，提高职工的技术水平和素质。

7.加强投资行为的经济责任制

在整个投资活动中，常常会因为某些投资管理工作的失误，给企业带来灾难性的

后果，事后却追责不到真正该对这种失误负责任的相关人员。这也就是通常所说的“人人负责，人人不负责”。因此，要想提高企业的投资效益，必须利用经济手段、行政手段，甚至法律手段，明确经济责任，加强投资管理。企业对投资项目应采取项目经理负责制，对达不到预期投资效果，甚至造成损失浪费的要追究个人责任；因施工单位拖延工期、产品质量低劣而造成的损失由施工单位负责；要建立各种有关投资的经济责任制，严明奖惩制度，并利用经济手段和行政手段相结合的办法加以奖惩，直至追究经济和法律责任，以促进和保证投资效果。

在现代社会，人力资源在企业的经营管理中所起的作用越来越大。员工的素质反映着一个企业持续经营的能力和竞争力，管理层的政策水平、效益观念、业务能力以及团结合作精神，也都是提高企业投资效益的关键因素。

关键点提示

提高企业投资效益的途径有：

1.市场细分与目标集中战略的选择；2.关注经济周期；3.提高投资决策的科学性；4.加强施工管理，缩短工期，提高工程质量；5.加强对投资资金的管理；6.加强项目投产后的经营管理；7.加强投资行为的经济责任制。

第2章

企业投资实施常见问题

企业直接经营投资是企业投资的重要组成部分。目前企业直接投资的方式多样，如股票、债券、企业并购等，也包括立足本企业长远的发展基础业务投资，除管理经营好固定资产、流动资产和无形资产外，还需要不断开发、推出市场需要的新产品，以实现产品结构的升级换代，保持竞争优势。以基础业务投资为根本，与盘活资产做金融投资相结合，是目前企业投资的最佳思路。

2.1　如何进行企业直接经营投资

> 工作场景描述
>
> 当内外因素导致企业必须进行直接经营投资时，可查看。

解读与分析

直接经营投资是指企业直接投资形成其经营活动所需要的固定资产和流动资产，从而从事某种产品的生产或提供某种服务的经济活动。

企业直接经营投资为的是通过产品的生产销售或提供服务的过程实现企业盈利及资产保值、增值。从现代理财的角度来看，企业对外直接投资有利于充分利用企业资产，加快企业发展速度，拓展企业生产经营规模，提高企业投资报酬，降低企业经营风险，还有利于企业兼并重组等。在市场经济条件下，企业对外直接投资的速度、规模、范围等都呈现出快速增长之势。从某种意义上说，企业直接经营投资是企业生产经营活动的基础和前提。

1.企业直接经营投资的决定因素

企业投资环境是指企业内外所有影响和制约企业投资活动的因素的集合。企业要不断进行投资活动，是由企业内外部、主客观的多种因素共同决定的。其主要影响因素有以下几种。

（1）经济政策。经济政策是企业进行投资决策的政策依据，对企业投资产生直接影响，决定企业能否投资和获利多少。因此，企业要搞清楚国家的有关经济政策，不了解国家经济政策的投资者是盲目的投资者。

（2）经营管理水平与经济实力。企业必须对自身的经营管理水平和实力情况了如指掌，也就是说，企业对投资的内部环境要十分清楚，必须努力改造自身的条件，全方位地提高企业的素质，为投资提供最佳的内部环境。

（3）产品寿命周期。企业的一切生产和经营活动都是围绕其产品和服务展开的。

任何产品都有寿命周期，企业要想生存和发展，就要不断改造老产品，开发新产品，甚至完全转产。这就要求企业加快产品更新换代的速度。相应地，企业的投资活动变化会更为频繁。

（4）设备寿命周期。设备作为企业的固定资产，也有寿命周期问题。一般企业设备的更新改造投资，主要取决于设备的经济寿命。

要根据不同情况，对企业的设备进行更新改造，这就需要企业不断地进行这方面的投资。如果不及时地对设备进行更新改造，就会使企业设备老化、技术落后、劳动生产率降低、产品质量下降、成本提高，最终导致经济效益下降甚至倒闭破产。

（5）市场容量。市场容量反映市场对该产品的需求大小和吸引能力。企业必须把自己生产经营的各种产品的市场容量状况搞清楚，并进行分类排序，对市场容量不同的产品采取不同的投资发展对策。这是企业进行投资决策的基础。

（6）经济效益和投资效益。资金具有时间价值。其时间价值对于借贷来说，就是借出本金以后所能得到的利息；而对于投资来说，就是所投资金在以后所能创造的收益。资金只有不断地循环周转，才具有时间价值，才能带来收益。企业可以将一笔资金存入银行或贷出去，都能获得一定的收益。企业之所以选择直接投资这种方式，是因为经过科学论证，该投资能使企业收益达到最大化。

企业投资必须以投资收益率为重要的投资决策依据。提高投资效益，实现投资资产的保值和增值，这是企业谋求生存和发展的必要前提和根本途径。

2.企业直接经营投资的着力点

同其他投资方式相比，企业直接经营投资既有一般投资的共性特点，也有自身的独特之处。在实践中，需要把握以下几点。

（1）企业要对所投资项目的生产经营活动进行直接管理，投入相应的管理与技术力量。企业进行直接经营投资，需要对资产形成过程进行组织与管理，还要组织与管理具体的产品生产、销售过程或提供服务的过程，而这些都需要有一定的技术人员和管理人员。

（2）企业应就固定资产投资回收期较长、投资的流动性较差的弱点，制订缓解或筹资策略，一方面通过折旧逐步回收，另一方面提前做好流动性准备。

（3）企业选好经营方向，直接进行管理，可以减少中间环节，提高投资利润率。因为掌握物资状况，应变迅速，所以企业可以少受通货膨胀的影响，资产容易保值。

（4）一般来说，项目投资的一次性投资额度比较大，而且集中，不能多次分散进行。因此，企业要具有较强的资金实力。

（5）由于直接经营投资涉及面较广，经营管理工作复杂，故企业应熟悉社会法律规范和行业传统。

3.直接经营投资的风险

直接经营投资承担的风险是经营风险与财务风险。

经营风险是与企业经营相关的风险。影响它的因素有产品的成本、需求、售价的变动等。

财务风险是企业在有债务的情况下，因经营利润的不确定性而导致的所有者权益变动的风险。影响它的因素有企业的资本供求状况、利润水平、资本结构的变动等。

降低经营及财务风险的根本途径是通过强化企业内部管理，降低产品成本，提高产品与服务质量，不断进行产品改进与创新来满足市场需求。这样可以扩大产品的市场占有率，提高企业利润，增强企业竞争力，最终达到降低企业风险的目的。显然，直接经营投资的经营与财务风险可以得到直接控制，但风险控制程度取决于企业对投资项目的经营管理能力。

关键点提示

企业直接经营投资的决定因素：

1.经济政策；2.经营管理水平与经济实力；3.产品寿命周期；4.设备寿命周期；5.市场容量；6.经济效益和投资效益。

2.2 如何进行企业的固定资产投资

工作场景描述

当企业需了解固定资产投资的特点，扩大企业的固定资产规模时，可查看。

解读与分析

企业的固定资产投资属于企业资本运营的范畴，其以企业的经济效益为基点，以利润为导向。许多企业缺乏对固定资产投资的认识，导致出现投资规模膨胀，投资结构失调，无法达到预定的利润指标，企业连年亏损、资不抵债的现象。因此，提高对固定资产投资特性的认识，构建以投资效益为中心的企业固定资产投资决策体系，是现代企业投资管理的重要任务之一。

1.企业固定资产投资的特性

（1）投资金额数目巨大。企业固定资产投资往往需要巨额资金，其资金大部分来源于银行贷款。由于资金数额巨大，且还款期限一般较长，故企业要承担相当重的贷款利息。

（2）投资有不可逆转性。企业固定资产投资一经投入即具有不可逆转性，如新建的厂房不大可能再拆除，不大可能将购置的机器、设备废弃不用等。

（3）投资以效益为目的。企业固定资产投资的最终目的是提高企业的经济效益，拓展企业发展规模。

（4）投资风险和效益共存。企业固定资产投资不能只考虑效益，对未来市场演变预测的不确定以及人们对新产品、新技术的认识，都会给企业固定资产投资带来风险。因此，企业在实施固定资产投资计划时，必须考虑到风险与效益共存的特性，减少不稳定因素，使风险降至最低限度，从而保证投资效益的实现。

2.企业固定资产投资的决定因素

企业固定资产投资的决定因素有如下四个。

（1）资金的时间价值。即使不考虑通货膨胀因素，资金在不同时期，其价值也是不同的。因此，企业固定资产投资额的确定、投资回收以及固定资产的保值增值状况，无不与资金的时间价值密切相关。

（2）投资的风险价值。它是指冒着风险进行投资而取得的额外收益。额外收益占投资总额的百分比称为风险报酬。固定资产投资一般要经过较长的时间才能收回，在这期间往往会碰到许多不确定的因素，可能导致资产投资失败，这就是企业投资的风险。投资风险报酬和利润率之间存在一定的联系，通常认为银行的存款利息、国债利息等都是几乎没有风险的，按照利率取得报酬是有把握的。固定资产投资的报酬应该是可靠的利息收入与风险价值之和。企业进行固定资产投资时，对可能取得的风险价值应有所估计。

（3）资金成本，即企业为取得固定资产投资的资金而花费的各种费用，如利息、手续费等。资金成本是一个非常重要的因素，它是投资项目能被接受的最低收益，即任何投资项目，如果它的预期获利水平不能达到这个收益水平，都应该被放弃。相反，如果达到或超过这个收益水平，那么投资项目就可以进行。

（4）现金流量。任何一个固定资产投资项目的运行，都将涉及未来一定时期内的现金流出与流入数量，即现金流量。一个投资项目完成后，它每年的现金净流量就是该项投资所引起的未来每年流入量的净额。为取得较好的投资效果，企业应该对固定资产投资项目的现金流量进行科学预测。

3.固定资产投资决策程序

企业固定资产投资决策程序如下。

（1）可行性分析。企业固定资产投资目标在确定之前，必须编制可行性研究报告。报告中要重点突出对经济效益的分析与预测，要提几套方案供领导选择。

（2）投资目标选定。选定企业固定资产投资目标前要满足两个条件：一是确定投资目标的指标可计量，即可计量未来成果；二是实现投资目标的负责人必须明确，可确定其责任。

（3）方案选择。对方案进行可行性研究后，方可进行方案选择。企业固定资产投资能增强企业的生产能力。企业生产能力的增强可以通过两种途径实现：一种是购置建造，增加设备数量，扩大生产场所，扩大企业固定资产占有规模，这是外延扩大再生产；另一种是技术改造，采用新技术，改进生产设备的性能，提高劳动生产率，这是内涵扩大再生产。一般来说，外延扩大再生产所需投资额较大，内涵扩大再生产所需投资额较小，如果两种扩大再生产所达到的生产力基本相当，应采取内涵扩大再生产的办法，以节约固定资产投资，提高投资效益。选择方案时应注意以下几点。

①对所有列入可行的方案，进行比较与选择。

②把握投资方案的相互排斥性，以利于筛选。

③选择投资方案时，要注意对方案的条理性与直观性进行优选。

④投资方案的选择应注意一般性标准与期望值标准的统一。

⑤可以把几个方案的优点集中起来，进行第二次可行性研究，再重新提出最佳方案。

（4）执行决策。企业执行固定资产投资决策时必须满足两个基本条件。

①投资方案的本身应包括周密的行动计划。

②在执行过程中进行必要的跟踪调查，及时反馈。其目的在于监控投资决策的执行情况并验证投资决策的可行性与有效性，以便在必要时对投资决策进行修正。

关键点提示

固定资产投资决策程序主要包括：

1.可行性分析；2.投资目标选定；3.方案选择；4.执行决策。

2.3 如何进行企业的流动资产投资

工作场景描述

当企业需要进行流动资产投资时，可查看。

解读与分析

流动资产是相对于固定资产而言的，在1年内或超过1年的一个营业周期内可以变现的资产称为流动资产。企业流动资产投资是为保证和满足企业生产经营活动的顺畅进行，对必须储备的原辅材料、在制品、半成品和产成品等流动资产所进行的投资，是企业对内投资的一个重要领域。

1.企业流动资产需求量的决定因素

影响企业流动资产需求量的因素是多方面的，企业在生产经营过程中需要根据实际情况随时改变流动资产的存在形式，以下几个因素对其起着决定性的作用。

（1）企业生产经营规模。企业生产经营规模越大，流动资产需求量越多。如果企业经济实力雄厚，筹资能力也很强，流动资产需求量在总资产中占的比例反而会相对下降。

（2）企业经营管理水平。在企业生产经营范围、性质和规模相同的情况下，经营管理水平高的企业，如生产技术先进、企业的组织形式符合现代企业制度要求、运营效率比较高、企业领导集团素质高、能根据市场变化进行科学果断的决策、企业内部各项规章制度健全和完善等，企业流动资产需求量就比较少；相反，经营管理水平低的企业，所需流动资产量就比较多。最后反映在企业经济效益水平上，后者与前者相距甚远。所以企业经营管理水平的高低，是决定流动资产需求量的主要因素。

（3）企业财务管理水平。财务管理科学、投资决策能力强、财务管理制度和内部经济责任健全完善的企业，能使流动资产投向合理且周转速度比较快，对流动资金需求量就少，反之则多。

（4）行业因素。不同行业的生产经营范围不同，在生产经营过程中对流动资产的需求量存在着较大的差异。

2.流动资产投资的特点

与其他投资类型相比，企业的流动资产投资具有以下特点。

（1）投资周转快，且投资较少，回收时间短。企业投资于流动资产的资本，周转一次所需时间较短，通常会在1年或一个营业周期内收回，对企业的影响时间较短。根据这一特点，企业流动资产投资中所需要的资本可用商业信用、银行短期借款等筹资方式和渠道予以解决。

（2）变现能力强。应收账款、短期投资、存货等流动资产具有较强的变现能力，若企业遇到意外情况而出现资金周转不灵，现金短缺时，可迅速变现这些资产，以获取现金。这对于财务上应付临时性资金需求具有较大意义。

（3）波动相对较大。流动资产的数量会随企业内外条件的变化而变化，时高时低，波动较大。其波动性会导致企业的流动负债发生变动。

（4）表现形态多样性。企业流动资产的占用或表现形态是经常变化、多种多样的，流动资产要不断地按顺序进行“现金──→实物──→现金”的转化，并表现为相应的具体形态。因此，为各项流动资产配置合理的资本数额，是企业流动资产投资的关键所在。

（5）企业流动资产投资必须与固定资产投资结合进行，它受固定资产投资、生产经营类型与规模制约。在周转速度基本不变的条件下，如果上述几个方面已经确定，那么流动资产投资会相对稳定。流动资产投资估算也完全可以与固定资产投资估算同时进行。

3.流动资产投资决策程序

企业流动资产投资的风险较小，投资决策程序也较简单，主要包括以下步骤。

①根据企业生产经营状况，提出有关投资项目。流动资产投资一般都是配合企业生产经营需要所进行的投资，比如，为了增加销售收入必须适当增加应收账款、存货等方面的投资，为了降低财务风险而必须保持适当的现金、有价证券等。这些投资一般由企业各部门负责人根据管理上的客观需要提出流动资产投资方案。

②分析投资方案的成本与收益，做出投资决策。企业管理决策当局应召集有关理财专家，对部门负责人提出的流动资产投资方案进行成本一收益分析。其决策的基本原则是投资方案的收益大于成本。

③搞好投资信息反馈工作，为企业今后继续进行扩大的或新的流动资产投资做好准备。

流动资产投资的一个重要特点是经常重复发生，因此，企业在投资实施以后，就要及时地反馈信息，总结经验教训，以利于今后的投资活动。

关键点提示

进行企业流动资产投资时要把握：

1.企业流动资产需求置的决定因素；2.流动资产投资的特点；3.流动资产投资决策程序。

2.4　如何进行企业的无形资产投资

工作场景描述

当企业打算投资无形资产，以求资本的增值时，可查看。

解读与分析

无形资产是指特定主体所控制的、不具有实物形态、对生产经营长期发挥作用且能带来经济利益的资源。

一些企业往往只重视固定资产和流动资产的投资及管理，而忽视了无形资产在整个企业资产中的价值。有的企业在重组或上市过程中，资产负债表“无形资产”一栏竟然是空白的，这是没有认识到无形资产价值所在的典型表现。对无形资产的理解应首先从以下几方面着手。

（1）非实体性。无形资产没有具体的物质实体形态，是隐形存在的资产。

（2）排他性。无形资产往往是由特定主体排他占有，凡不能排他或者不需要任何代价即能获得的，都不是无形资产。

（3）效益性。并非任何无形的事物都是无形资产，成为无形资产的前提是其必须能够以一定的方式，直接或间接地为其控制主体（所有者、使用者或投资者）创造效益，而且必须能够在较长时期内持续产生经济效益。

1.无形资产功能特性

无形资产发挥作用的方式明显区别于有形资产，其功能特性如下。

（1）附着性。附着性是指无形资产往往附着于有形资产而发挥其固有功能。例如，制造某产品的专有技术要体现在专用机械生产线、工艺设计之上，各种知识性的资产一般都要体现在一定的实体之上。

（2）共益性。无形资产区别于有形资产的一个重要特点是：它可以作为共同财富，由不同的主体同时共享。

（3）积累性。无形资产的积累性体现在两个方面，一是无形资产的形成基于其他无形资产的发展；二是无形资产自身的发展也是一个不断积累和演进的过程。

（4）替代性。一种无形资产总会被更新的其他无形资产取代，因而必须在无形资产评估中考虑它的作用期间，尤其是尚可使用年限。这取决于该领域内技术进步的速度，取决于无形资产产生的竞争。

2.影响无形资产价值的因素

一般来说，影响无形资产价值的因素主要有如下几个。

（1）取得成本。无形资产与有形资产一样，其取得也有成本。只是相对有形资产而言，其成本不是十分明晰和易于计量。对企业来说，外购无形资产较容易确定成本，自创无形资产的成本计量较为困难。同时，无形资产的创造与对其的投入等密切相关，但这部分成本的确定是很困难的。一般来说，这些成本项目包括创造发明成本、法律保护成本、发行推广成本等。

（2）机会成本。无形资产的机会成本是指将无形资产用于某一确定用途所获取的收益小于用于其他用途所获收益，从而少得到的那部分收益。

（3）效益因素。一项无形资产，在环境、制度允许的条件下，获利能力越强，其价值越高；获利能力越弱，其价值越低。有的无形资产，尽管其创造成本很高，但不为市场所需求，或收益能力低微，其价值就低。

（4）使用期限。每一项无形资产，一般都有一定的使用期限。无形资产的使用期限，除了应考虑法律保护期限外，更主要的是考虑其具有实际超额收益的期限。比如某项发明专利保护期为20年，但由于无形损耗较大，拥有该项专利实际能获超额收益的期限为10年，则这10年即为该项专利的有效期限。

（5）技术成熟程度。一般科技成果都有一个“发展⟶成熟⟶衰退”的过程，这是竞争规律作用的结果。科技成果的成熟程度如何，直接影响到其价值高低。其开发程度越高，技术越成熟，运用该技术成果的风险越小，价值就会越高。

（6）转让内容。从转让内容角度看，无形资产转让包括完全产权转让和部分产权转让，在转让过程中有关条款的规定会直接影响其价值。同一无形资产完全产权转让的价值高于部分产权转让的价值。

（7）国内外该种无形资产的发展趋势、更新换代情况。无形资产的更新换代速度越快，无形损耗越大，其价值越低。无形资产价值的损耗和贬值，不取决于自身的使用损耗，而取决于自身以外同类或替代无形资产的变化情况。

（8）市场供求状况。市场供求状况，一般反映在两个方面：一是无形资产市场需求情况；二是无形资产的适用程度。对于可出售、转让的无形资产，其价值随市场需求的变动而变动：市场需求大，则价值就高；市场需求小，且有同类无形资产替代，则其价值就低。同样，无形资产的适用范围越广，适用程度越高，需求量越大，价值就越高。

（9）同行业同类无形资产的价格水平。无形资产价值的高低，还取决于无形资产交易、转让的价款支付方式，各种支付方式的提成基数、提成比例等。

3.企业无形资产投资注意事项

企业无形资产投资包含两个方面的内容：一方面是指企业为取得某种无形资产而进行的投资，包括企业投资从外部购入无形资产（如企业有偿取得专利使用权、专有技术、商标等）和企业投资自创无形资产（如产品开发、做广告等）；另一方面是指企业以其拥有的无形资产为手段（或投资品）进行的对外投资。企业在进行无形资产投资时，应注意如下问题。

（1）企业购入无形资产时，首先应进行市场调研和分析，同时考虑企业自身的实际情况，如资金、技术和人才配套能力等。企业用有偿取得的某项专利使用权、专有技术或商标使用权生产产品时，不仅要充分估计市场对该产品的需求状况，还要与自身研究开发的成本相比较。

（2）企业进行无形资产投资时，要加强对无形资产的价值评估。企业首先应请信誉高的资产评估机构对无形资产进行评估，并经投资双方协商达成一致，最终合理确认投入无形资产的价值。

（3）企业取得其他企业的商标使用权后，应加强管理，确保产品质量。

（4）企业应注意对用于投资的无形资产的管理，监督被投资企业是否按合同、协议或法律规定使用无形资产，是否有侵犯投资者权益的现象。

关键点提示

影响无形资产价值的因素：

1.取得成本；2.机会成本；3.效益因素；4.使用期限；5.技术成熟程度；6.转让内容；7.国内外该种无形资产的发展趋势、更新换代情况；8.市场供求状况；9.同行业同类无形资产的价格水平。

2.5 如何策划企业的新产品开发投资

工作场景描述

当企业需要投资开发新一代产品以满足市场需求时，可查看。

解读与分析

研究和确定企业在一定时期内生产什么产品和开发哪些产品去满足市场需求并获得较好的经济效益，是新产品开发投资的重要内容。新产品最重要的特点是能够满足社会不断增长的新需求，突出一个“新”字。

新产品开发战略不是一个纯工程技术范畴的问题，它是企业总体经营战略的一部分。企业只有不断推出新产品，不断参与瞬息万变的市场竞争，才能立于不败之地。

1.影响新产品开发成败的因素

（1）新产品开发过程中需考虑原料供给。许多企业都在寻找缩短新产品开发时间，降低新产品开发成本，同时提高新产品质量的方法。事实上，原料供给就是在产品设计过程中应该较早考虑的一个重要因素。在设计中，企业应咨询与产品设计有关的原料供给状况，了解原料供给在他们所做的产品设计中所起的作用。通过调查发现，在新产品开发早期考虑原料供给问题将使新产品更有竞争力。

（2）新产品一定要能满足消费者的需求。据统计，超过一半的新产品在问世后不到5年便退出了市场。这些产品失败的原因很多，但其中重要的原因就是缺乏信息——对市场的需求及顾客的需要缺乏足够的了解。因此，面向顾客的新产品开发过程实际上是以顾客或市场为背景来设计产品的过程，它应建立在问卷调查或市场调研的基础上。科学的调查方法对避免新产品开发的失败有重要的作用。

2.新产品开发程序

一般来说，新产品开发都会经过一定的阶段，具体程序如下。

（1）设计调查。该阶段主要涉及五个层次的活动。

①产品分析：对市场上的同类产品进行调查分析。

②市场分析：确定目标顾客，了解顾客的偏好、需求及其购买行为的特点，研究该类产品的市场潜力，确定市场特征及发展趋势，进行市场需求预测。

③技术分析：分析产品开发所需要的技术及企业的现有技术能力，分析产品生产所需要的制造技术及企业现有的设备、制造能力。

④财务分析：估计对新产品进行开发所需的生产设备、人员及时间等的投入，进行具体的投资分析以及风险分析。

⑤竞争分析：以竞争者为基准，对企业开发、生产该产品的能力进行战略性评价。具体活动包括：确定企业目标、分析企业引入该产品后的竞争优势、分析竞争者的威胁和可能的反应以及评价竞争者的现有产品及其潜在的创新能力。

（2）构思。产生产品构思，对多个构思进行初步筛选，把产品构思发展为产品概念，确定产品的特征。企业产品开发部门及企业员工，可利用智爆法、希望点列举法、检核表法等，集思广益，也可通过设计竞赛进行征集。

（3）设计定位。对各种构思，围绕质量目标、技术水平、市场规模、技术能力、资源状况、投资风险及竞争等方面进行初步评价，确定设计目标。

（4）新产品研制。根据设计目标，进行新产品的方案构思，制作模型、样机，进行试验及评价。

（5）经营分析。根据预测的成本、需求量、利润，初步制订产品策略，价格策略，以及推销、销售渠道等策略。

（6）小批量试制。

（7）试销。培训试销人员，收集试销资料，反馈用户意见。

（8）投入市场。做好广告宣传、促销、售后服务的准备，选择时机投入市场。

由新产品的概念及开发程序可以得知，新产品开发必须发挥创造性思维的作用。

3.新产品开发投资策略的评价

企业新产品开发投资策略评价有以下几个方面的内容。

（1）产品研制成本和收益。按下面两种指标形式评价：

经济指标（I）=产品研制成果/产品研制费用支出×100%

经济指标（II）=产品研制成果－产品研制费用

两种形式都以货币表示，使用时应考虑时间上的可比性。这是企业新产品开发投资策略选择的较为适用的直接评价法。

（2）开发研制新产品的平均时间要短，费用要少。当企业决定开发新产品时，不仅要估算同行业研制新产品平均所需的时间和费用，而且要考虑同行业产品平均生命周期的长短和年平均纯收益的大小，可用索贝尔曼法：

新产品开发价值=新产品年平均纯收益估计额×［预计产品生产周期+产品平均生命周期×（1－预计研制所需时间/产品研制平均所需时间）］－新产品平均研制费估计额×［预计研制所需时间+产品研制平均所需时间×（1－预计产品生命周期/产品平均生命周期）］

（3）企业新产品开发投资策略要有效。企业开发出来的新产品要满足适用性、可靠性和先进性的要求，要以产品质量的优劣及其在国内外市场上的竞争地位和销售能力，决定产品的开发价值。

（4）企业要筹集和管理好新产品开发所需的投资费用。企业要在一定时期内筹集到开发资金，并有管理、使用好资金的能力。

（5）企业在进行新产品开发投资的同时，要善于用法律手段及时将商标、专利等自主知识产权保护好，谨防被他人利用，牟取不当利益。

企业同产品一样，也存在着生命周期。如果企业不开发新产品，则当产品走向衰退时，企业同样走到了生命周期的终点。相反，企业如能不断开发新产品，就可以在原有产品退出市场舞台后利用新产品占领市场。一般而言，当一种产品投放市场时，企业就应当着手设计新产品，使企业在任何时期都有不同的产品处在周期的各个阶段，从而保证企业盈利的稳定增长。

关键点提示

企业进行新产品开发投资时需要掌握：

1.影响新产品开发成败的因素；2.新产品开发程序；3.新产品开发投资策略的评价。

2.6　如何进行股票投资的基本面分析

工作场景描述

当企业打算投资股票，需要对宏观和微观环境进行评价时，可查看。

解读与分析

股票投资基本面分析的出发点是：股票具有“内在价值”，股票的市场价格是围绕其“内在价值”上下波动的。基本面分析的研究方法就是通过折现率将未来预期的现金流量折算成现值，并在此基础上判断股票的投资价值，分析股票的收益及风险，然后比较股票的内在价值与现行价格来决定投资对象。基本面分析注重股票价值的发现，力图用市场内外经济要素的相互作用和变化趋势来解释股票市场上的价格变动。基本面分析方法具有科学性、前瞻性和系统性的特点。

1.宏观经济因素分析

（1）经济景气度。当经济由低谷向复苏阶段过渡时，投资者的信心开始增长，股票市场开始活跃，股价开始回升；在复苏阶段后期，股价的升温速度甚至比经济的实际复苏速度还要快；当经济进入繁荣时期的初期和中期，投资者的信心更强烈，预期收益更高，股价进一步升高；但到了繁荣时期的后期，由于银根紧缩，利率上升，企业收益相对减少，在危机到来之前，股价涨势便停止了，并开始下跌；在危机阶段，投资收益明显减少，金融环境趋紧，股价会进一步下跌；在萧条时期，经济不景气会造成股价在较低水平上沉浮。

另外，在经济繁荣时期（复苏、繁荣阶段），企业营业状况好，获利丰厚，可分配股息多，股价会上升；在经济衰退时期（危机、萧条阶段），企业获利较少，可分配股息低甚至没有，股价会下跌。

（2）利率。利率对证券价格的影响可以从两方面来说明。一方面，利率提高意味着银行储蓄收益提高，从而会从证券市场吸走大量资金，使证券价格下跌；反之，利率下调会导致大量资金投向证券，证券供不应求，证券价格必然上升。另一方面，利率上升，意味着企业经营成本的上升和利润的减少，从而使企业派发的股利减少，有时甚至不能发放，使证券投资风险上升，投资者会大举抛售证券，证券价格会急剧下跌；反之，利率下降，整个经济进入一种宽松的局面，企业利润增多，股东的投资收益也会相应提高，从而会吸引投资者进入证券市场，使证券价格上扬。

（3）通货膨胀。通货膨胀主要是由货币供应量过多造成的。货币供应量增加一开始能刺激经济，增加企业利润，推动证券价格上升。但是，当通货膨胀发展到一定程度后，利率会上升，从而会使证券市场收缩，证券价格下跌。

（4）宏观经济政策。这主要是指宏观货币政策、财政政策、进出口政策等对股票市场的影响，比如政府的税收增减、银根松紧、汇率改革等政策，会对股票市场起到推动或抑制作用。

（5）国际收支。现代经济日益国际化、一体化，因而一国国际收支状况也是影响股市的一个重要因素。一般情况下，当国际收支处于逆差状态时，政府为平衡收支，将控制进口，鼓励出口，致使国内一部分资金从股市中流失，股票价格将下跌；反之，股价将看涨。

2.行业因素分析

（1）行业的市场类型。从一般情况看，某个行业的竞争程度越高，企业因经营管理不善在竞争中破产倒闭的可能性就越大，因而投资竞争性行业股票的风险比较大。

（2）行业的生命周期。企业处于行业发展的不同阶段，其经营收益和风险程度就会不同，进而其股票价格也不同：

①行业形成期，投资新创业的企业，风险较大，股票价格较低；

②行业成长期，此阶段企业发展不确定因素的影响较小，收益明显增加，因而其股价看好；

③整个行业逐渐进入稳定期，在竞争中生存下来的头部大企业几乎垄断了整个行业市场，行业利润也达到了较高水平，同时风险较低，因而在此阶段该行业的股票价格较高；

④衰退期，整个行业进入了生命周期的最后阶段，该行业的股票价格由于利润额的停滞乃至下降、企业经营风险增大而在低水平上徘徊。

（3）行业景气分析。一般来说，生产资料、耐用消费品和奢侈性消费品的生产受经济景气状况变动的影响较大，这类行业的股票被称为周期性股；生活必需品和必要的公共劳务与经济景气变动的关联较小，社会需求相对稳定，这类行业上市企业的盈利水平相对稳定，其股票被称为防守性股。

3.发行企业因素分析

（1）企业营运分析。在影响股票价格的诸多因素中，股份制企业的自身营运状况是决定个股行情的根本因素。考察股份制企业的营运状况，一般从以下几个方面入手。

①股息的高低。股息一般是与股价同方向变动的。愿意长期持有股票的投资者，往往只注重股息的变化。每当企业宣布发放股息时，或者在发放股息的前一段时间，该种股票的价格一般都会上升，股息率越高，升幅越高，反之股价将下跌。如果企业长期发不出股息，那么该种股票就有可能被视为垃圾股而被抛售，价格将跌入谷底。

②企业利润。股息来源于企业当年新增利润，但并不是所有的利润都会作为股息发放。股息如何分配，取决于企业董事会的决策。即使暂时不发放，只要符合股东长远利

益，企业盈利增加，也是股价变动的利好因素。

③新股上市。当新股上市时，股价通常会逐步上升。新股上市的第一天，不受涨停板制度限制，涨幅一般在100%左右，有的甚至高达1000%。

④股票分割。大面额股票在经过一段时间的交易后，会经历一个分拆的过程。一般选择在企业进行决算的月份，宣布股票分拆。这会刺激一些人为了得到分红和无偿取得更多的配售股权而购买股票，股价出现上扬，当股票分拆之后，股价又会趋于正常。

（2）企业财务分析。企业财务分析主要是指利用统计指标对企业的财务状况进行对比分析。通过分析企业的财务状况，投资者可以确定发行企业的获利能力、偿债能力、资信状况以及投资者可能承担的风险。财务分析的主要指标如下。

①获利能力。获利能力是判断股票有无投资价值的重要依据，一般从全部资产获利能力、股东权益获利能力及普通股获利能力三个方面进行说明。

a. 全部资产的获利能力，主要计算公式如下：

销货报酬=（净收益+利息费用+所得税）/销货净额

资产周转率=销货净额/平均资产总额×100%

投资报酬率=（净收益+利息费用+所得税）/平均资产总额×100%

b. 股东权益的获利能力，主要计算公式如下：

股东权益报酬率=净收益/股东权益总额×100%

股东权益周转率=销货净额/股东权益总额×100%

c.普通股获利能力，主要计算公式如下：

普通股权益报酬率=净收益/普通股权益总额×100%

普通股每股净收益=（净收益–优先股股息）/平均发行在外的普通股股数

股息发放率=普通股每股股息/普通股每股净收益×100%

股息市价比率=普通股每股股息/普通股每股市价×100%

市盈率=股票市价/每股税后收益×100%

②经营能力。经营能力是衡量企业有效地调度和运营所掌管资产的能力，可以用存货周转率、平均收账期及销售与固定资产比率等指标加以分析。

a. 存货周转率反映企业销售能力的强弱以及存货是否正常。一般来说，存货周转率越高，流动资本循环越快，其资金利用得越好，经营所带来的盈利也就越大。其计算公式如下。

存货周转率=销售收入/平均存货余额×100%

b. 平均收账期反映产品出售后资金回笼所需要的时间。对企业来说，平均收账期越长，其风险越大；反之，平均收账期越短，其风险越小，说明该企业的经营状况越好。其计算公式如下。

平均收账期=365/（销售收入/平均应收账款）

c. 销售与固定资产比率用来衡量固定资产的投入使用可获得多少销售额。这一比率越高，说明企业的经营效率越高。其计算公式如下。

销售与固定资产比率=销售收入/平均固定资产总额×100%

d. 投资周转率又称全部资金周转次数，用于衡量投资的运营效率。这个比率越高，反映总的资金周转越快，从而说明投资利润率越高。其计算公式如下。

投资周转率=销售收入/（平均固定资产净值总额+平均存货余额）×100%

③偿债能力。偿债能力分短期偿债能力和长期偿债能力两个方面。

a. 短期偿债能力是指企业清偿短期债务的能力，主要用流动比率和速动比率两个指标来反映。根据国外经验，2∶1的流动比率是比较恰当的。流动比率太低，说明企业的偿债能力很弱；流动比率太高，说明企业中部分流动资金未能充分利用。速动比率可反映企业即时偿债的能力，一般认为此比率为1∶1时比较稳健。

b.长期偿债能力是指企业清偿长期债务的能力，通常用负债比率和长期负债比率来表示。负债比率是负债总额与企业总资产（扣除折价后的资产净值）的比率，反映企业资产总额中各项负债所占的份额，一般认为此比率在40%～60%的范围内比较稳妥。

关键点提示

股票投资的基本面分析包括：

1.宏观经济因素分析；2.行业因素分析；3.发行企业因素分析。

2.7 如何计算股票的内在价值

工作场景描述

当企业投资股票，想运用价格理论做出决策时，可查看。

解读与分析

我们通常所说的某只股票价格涨跌，都是从市场供求的影响角度来说的。股票虽然只是一种权益凭证，但也有其内在价值。企业在做出投资决策之前，需要将股票的内在价值与市场价格加以比较：当企业认为一只股票的价值高于它的市价时，应该考虑买入该股票；当认为价值低于市价时，应该考虑卖出该股票。研究股票的定价，实质是研究股票的内在价值。通俗一点来说，确定股票定价就是计算股票的理论价格。知道了股票的理论价格，企业投资决策的过程就变得完整了，企业通过分析股票定价，比较理论价格与市场价格，做出买卖决策。

从不同角度看，股票的价格表现为多种形式，并在投资的计量和分析中各有不同的用途。就企业的实际投资来看，关键表现形式还是股票的市场价格。

1.股票市场价格的影响因素

股票市场价格形成的依据是理论价格，涉及预期股息收益和银行利率两个因素。因此，凡是影响预期股息收益和银行利率变动的因素，都是影响股票市场价格变动的因素。

（1）影响股息变动的主要因素

①企业收益状况。企业收益状况是决定股息多少的最基本的因素，企业收益增多，可供分派的利润就增多，股价将随之上升，相反则下跌。

②企业股息派发政策。企业可以增加股息的派发，也可以不增加股息的派发，而将其用于扩大投资。如果增加股息，股票价格将上升；反之，股票价格将下降。

③金融状况。银根紧缩时，市场上货币量供给减少，利率上升，企业支付利息负担

加重，发行股票的企业收益减少，股票价格将下跌。相反，银根放松，融资成本降低而使收益增加，股票价格上升。

④税收状况。国家提高或降低税率，直接影响企业税后利润的多少，用以派发股息部分的利润也会相应地增减。如果国家对某些企业采取减税、免税、避免重复征税等政策，则会使这些企业盈利增加，股票价格上升。

⑤通货膨胀状况。在通货膨胀初期，企业盈利会因商品价格上涨而增加，股票价格也会上升。但在通货膨胀严重时，一方面，企业经营成本上升，盈利下降；另一方面，投资者的股息增长抵补不了货币贬值造成的损失，从而导致股价下跌。

（2）影响利率变动的主要因素

①货币供应量。货币供应量是银行体系向市场提供的货币总量。货币供应量增加会导致货币供过于求，利率作为货币借贷的“价格”会随之下降；反之，货币供应量减少会使货币供不应求，利率上升。

②平均利率状况。利润率决定着平均利率，并受平均利率的影响，随着平均利率的升降而升降。

③中央银行的再折现率。再折现率的变动不仅会影响到各银行融资成本的高低，而且是银根松紧变换的信号，整个社会的利率将随着中央银行再折现率的变动而变动。

④国际利率水平。为减少国际资本流动对本国经济发展产生的负面影响，必将相应地调整国内利率水平，使之不会大幅度受国际利率水平影响。

2.股票内在价值的确定

股票内在价值是股票市场价格的基础，但市场价格又经常背离内在价值。对股票内在价值进行评估，用它对照股票市场价格做出对市场价格的判断是很困难的。对同一股票，不同投资者也会因采用不同的分析方法而得出不同的结论。

股票的定价方法有许多种，如CAPM模型法、EBIT乘数法、销售量乘数法、股息折现模型法、经济价值增长法、资产价值法、市盈率倍数法等等。这些方法从不同的角度探讨了股票的定价问题。本节选择讲述资产价值法、股息折现模型法和市盈率倍数法，下节介绍CAPM模型法。

（1）资产价值法

资产价值法就是通过企业账面价值计算每股股票内在价值的方法。通过账面价值计算出的股票内在价值就是每股净资产，其反映了每股股票所代表的企业实际资产价值的多少。使用这种方法确定股票的内在价值非常简单，完全可以用企业的财务报告资料计算出来。每股净资产较高反映企业经营状况良好，股票内在价值较高，具有投资价值；反之，每股净资产低而股价较高，可以认为股票投资价值较低。

资产价值法的优点是其计算出的内在价值可信度较高，用它来评价投资，也是一种比较安全的方法。但这种方法只注重企业净资产实力，没有表明企业未来的盈利能力和派息水平。而且企业净资产只有在解散清算时，才能成为股东现实的权益，但股东都希望企业永远存在下去而不进行清算。所以，评估股票内在价值时，很少使用资产价值法。

（2）股息折现模型法

股息折现模型法就是利用折现率将股东未来各期可能收到的现金股息折算为现值而确定股票内在价值的方法。股票的现值就是每股未来现金股息总和与折现率的比值。因此，现值的大小取决于每股预期现金股息的多少和折现率的高低。股票的现值与每股预期股息成正比，而与折现率成反比。

如果一只股票对企业来说是无固定持有期的，则其内在价值的评价方法为：

$$V_0=\sum_{t=1}^{\infty}\frac{R_t}{(1+r)^t}$$

式中，V_0为股票理论价值；R_t为第t期股利；r为风险调整折现率，即投资者最低期望报酬率。

设股利每期都不变，为一常数，$R_t=R$，则：$V_0=\frac{R}{r}$。

例如，某普通股面值1元，每年获利0.08元，投资预期风险报酬率为12%，则该股票的价值评价为：

$$V_0=\frac{0.08}{12\%}\approx 0.67（元）$$

运用该方法比运用资产价值法更能准确地反映股票的真实价值，能够真正评价股票获利能力，因而被广泛用于评价和确定股票的内在价值。

在实践中，投资者持有股票总是有期限的，股利也并非可永久获得。本金可通过在二级市场转让收回，行情好时还可获取价格升值收入。基于以上考虑，可推导出股票在固定持有期的评价模式为：

$$V_0=\sum_{i=1}^{n}\frac{R_t}{(1+r)^t}+\frac{P_n}{(1+r)^n}$$

即：

$$P_n=\sum_{t=n+1}^{n}\frac{R_t}{(1+r)^t}$$

式中，V_0为股票评估价值；R_t为第t期股利；r为风险调整折现率；t为股票存在期；n为股票的持有期；P_n为股票在第n年的价格。

（3）每股盈利评价法（市盈率倍数法）

每股盈利评价法就是运用本益比来确定股票内在价值的方法。每股盈利是指企业股票的每股税后利润，它是衡量企业盈利能力的重要指标。而本益比又称为市盈率，是股票的市场价格与每股税后利润的比值。市盈率也是估计股票内在价值的最基本的指标，一般认为这个比值16～20为正常。利用每股盈利评价法来确定股票内在价值时，首先要确定股票未来预期的每股税后利润，然后根据各种因素确定标准的市盈率，将二者相乘得出的数值就是股票的内在价值。

每股盈利评价法受到广泛重视和运用的原因如下。

首先，投资者虽然认为股息多少可以影响股票价格，但影响股票价格的主要因素是企业的获利能力，股票内在价值与每股税后利润的关系更为密切；其次，有些企业多年不派发股息，不能运用贴现法评估股票内在价值；再次，这种方法相对较简单。但是这种方法也存在预期每股税后利润难以确定的问题，给确定股票内在价值带来困难。

一般来说，股票价格是股票内在价值的体现，股票价格的变动趋势与企业未来的收益趋势是一致的。所以，企业在做股票投资时，市场供求状况提供了短期收益参考，而股票内在价值则是长期收益的决定因素。

关键点提示

股票内在价值确定的主要方法有：

1.资产价值法；2.股息折现模型法；3.每股盈利评价法。

2.8 如何运用 CAPM 模型法进行股票投资决策

工作场景描述

当运用资本资产定价模型来分析股票投资时，可查看。

解读与分析

资本资产定价模型法（简称CAPM模型）是经大量的实证研究，通过以收益与风险为核心的定量分析来确定股票价格的一种方法。

1.CAPM模型

CAPM模型的意义是建立了证券收益与风险的关系，揭示了证券风险报酬的内部结构，即风险报酬是影响证券收益的各相关因素的风险贴水的线性组合。各相关因素的风险贴水是证券市场对风险的报酬，它们只与各个影响因素有关，与单个证券无关。

CAPM模型是现代金融理论的核心内容，对于一个进行权益性投资的企业来说，其作用主要在于：通过预测证券的期望收益率和标准差的定量关系来考虑已经上市的不同股票价格的“合理性”。

CAPM模型基于资本市场上存在无风险投资的假定。它的数学表达式为：

$$E(R_i)=R_f+\beta\left[E(R_m)-R_f\right]$$

式中，$E(R_i)$为证券i在均衡状态下的期望收益率；$E(R_m)$为市场组合的预期收益率（可用市场指数收益率近似表示）；R_f为无风险资产收益率，一般指短期国库券收益率；β_t为股票（组合）收益率变动对市场组合收益变动的敏感性。

资本资产定价模型对于资产的定价有着重要含义：

（1）系统性风险是决定股票价格（预期收益）的唯一变量，非系统性风险可以通过在一定程度上持有相当分散的股票组合而化解；

（2）股票系统性风险的衡量指标是β，其数学表达式为：

$$\beta_t=\frac{\mathrm{Cov}(R_t,\ R_m)}{Var(R_m)}$$

式中，$\mathrm{Cov}(R_t,\ R_m)$为第i只股票收益率与市场收益率的协方差；$Var(R_m)$为市场收益率的方差。

当$\beta_t=1$时，该股票的系统性风险正好等于市场风险；当$\beta_t>1$（或$\beta_t<1$）时，该股票系统性风险大于（或小于）市场风险。

（3）当股票市场处于均衡状态时，股票的预期收益率等于无风险资产收益率加上风险溢价。假设无风险资产收益率为6%，市场收益率为11%，那么股票i的预期收益率与风险之间的函数关系式为：

$$E(R_i)=0.06+0.05\beta_t$$

同时，投资者可根据市场证券组合收益率的估计值和证券的β估计值，计算出证券在市场均衡状态下的期望收益率，然后根据这个均衡状态下的期望收益率计算出均衡的期初价格：

$$\text{均衡的期初价格}=\frac{E(\text{期末价格}+\text{股息})}{E(R_i+1)}$$

将现行的实际市场价格与均衡的期初价格进行比较，若两者不等，说明市场价格被误定，误定的价格应该有回归的要求。利用这一点，便可获得超正常收益。当现实的市场价格低于均衡价格时，该证券是廉价证券，应该购买；相反，现实的市场价格若高于均衡价格，则应卖出该证券，将资金转向其他廉价证券。

企业可以通过权威性的综合指数来确定全市场组合的期望收益率，进而计算出可供投资者选择的单项资产的β_t系数，同时，用国债或其他合适的政府债券来确定无风险收益率。当一个投资者得到这些信息后，资本资产定价模型就为投资者提供了一种估计潜在投资项目收益率的方法。当某种资产的期望收益率高于投资者所要求得到的必要报酬率时，购买这种资产便是最合适的投资选择。

CAPM模型为简单的消极投资策略的确定提供了依据。投资者只要按以下两个步骤投资就可以了，这被称为两基金定理。

（1）按市场投资组合的比例，分散持有多种风险资产。

（2）将该组合与无风险资产再组合，以获得所希望的风险-收益组合。

2.CAPM模型的应用

（1）用于筹资决策中普通股资本成本率的计算

普通股的资本成本率可以用投资者对发行企业的风险程度和股票投资两个因素承担的平均风险水平来评价。根据资本资产定价模型：

普通股的资本成本率=无风险报酬率+

（股票市场平均报酬率-无风险报酬率）×普通风险系数

例如，某企业普通风险系数为2，政府长期债券利率为3%，股票市场平均报酬率为8%，则该企业普通股的资本成本率=3%+2×（8%-3%）=13%。

这种方法假设风险与报酬呈线性关系，投资者进行了高度多元化的投资组合。

（2）用于投资组合决策

利用该模型进行投资组合决策的基本方法是：首先，确定不同证券投资组合的普通风险系数；其次，计算各证券组合的风险收益率，证券组合的风险收益率=（市场平均的风险报酬率—无风险报酬率）×投资组合的普通风险系数；再次，确定各投资组合的报酬率；最后，比较各投资组合的报酬率，并结合投资者的风险态度和风险收益率来进行投资组合方案决策。或者用上述步骤计算某证券投资组合的报酬率，将其与期望的最低报酬率相比较后进行决策。

CAPM模型说明了单个证券投资组合的期望收益率与相对风险程度间的关系，即任何资产的期望收益率一定等于无风险利率加上一个风险调整。后者相对整个市场组合的风险程度越高，需要得到的额外补偿也就越高。这也是CAPM模型的主要结果。

关键点提示

资本资产定价模型的应用：

1.用于筹资决策中普通股资本成本率的计算；2.用于投资组合决策。

2.9　如何寻找潜力股

工作场景描述

当努力寻找有良好发展前景的股票时，可查看。

解读与分析

一只股票的投资价值不仅由当前的价格、收益率和市场供求这些指标体现，还与发行该股票的企业发展前景、成长性、业绩是否稳定可靠等相关。任何投资者投资股票时，都想找出一匹“黑马”以获得额外的收益，潜力股的投资价值就在于此。

1.潜力股的选择标准

理论上股票价格应由其内在价值决定。根据股票的现值理论：

股票价格=预期股息/市场利率

进一步推导出：

$$P=D/(k-g)$$

式中，P为股票现值；D为企业未来支付的每股股息；g为股息增长率；k为资本化率，即投资者要求的投资收益率。

当股票的股息在一定时间（如半年、一年）内保持不变时，股票内在价值取决于资本化率（k）；当资本化率（收益率）保持稳定时，股票内在价值取决于企业未来支付的每股股息。由于这两个指标的变化需要一定的时间，因此客观上要求进行长期投资。

股票的内在价值决定股票的市场价格，但股票的市场价格又不完全等于股票的内在价值，市场价格由供求关系产生并受多种因素影响，围绕着股票的内在价值波动。潜力股投资的原则是：在市场价格严重背离其内在价值时买卖股票，以获得最大收益。也就是说，潜力股的最佳入市时机应该在股市最为低迷的时候，离市的时机应该在股市最为活跃的时候。

依据上述理论和原则，可以确定以市盈率指标为盈利性原则的选股标准，以供求关系即股票交易周转量指标为流动性原则的选股标准，通过市场价格围绕着股票内在价值的波动幅度来确定选股的安全性，并以此来控制投资风险。

（1）盈利性原则标准。股票的盈利性，具有双重含义，首先是发行该股的上市企业的业绩是盈利的，其次是该股票的价格是合理的，即市盈率应当低于股票市场的平均市盈率或资本市场的平均市盈率。就上市企业业绩而言，盈利的上市企业发行的股票在股票市场中占绝大多数。

从股票市场的发展过程看，投资者入市有两大目的：一是获得上市企业的所有权，表现形式是并购行为；二是获取超额利润，表现形式是中长期持有有业绩支撑的股票。投资基金的目的倾向于后者。

（2）流动性原则标准。具体来说，流动性就是大资金买进或卖出股票时能否实现投资者希望的数量和价格，如果能实现，说明流动性较好；如果不能实现，则说明流动性差。在确定流动性标准时，首先要考虑市场的平均流动率：若高于平均流动率，则说明流动性较好；反之，流动性较差。根据我国股票市场运行情况，国企大盘股流动性较差，绩优股流动性适中，业绩成长股流动性较好。

（3）安全性原则标准。保证股票投资的安全主要从控制风险入手，股票市场风险分为系统风险和非系统风险。

企业可从主观上划分出高、中、低三级风险投资区域，针对不同的区域采取不同的投资方案，来防范系统风险。风险类别是将股票市场的市盈率与资本市场的平均市盈率相比较后得出的。

①高风险区：股市平均市盈率/资本市场平均市盈率>1.1。

②风险适中区：0.9≤股市平均市盈率/资本市场平均市盈率≤1.1。

③低风险区：股市平均市盈率/资本市场平均市盈率<0.9。

非系统风险主要来自上市企业内部，特别是企业的经营情况。根据这一条件，投资者为确定股票投资安全，应尽量保证所选企业在行业中相对稳定，规模上以大中型企业为主，尽量避免选择高风险行业和规模较小的上市企业。要根据我国证券市场发展的实际情况，针对不同的板块采取不同的风险控制比例。由于国企大盘股股价波动较小、业绩稳定、大额资金进出便利，将该板块的风险控制比例作为确定其他板块的风险控制比例的基础较合理。具体内容如下。

①国企大盘股：属风险适中股票，个股市盈率与大盘市盈率相差不大，变化幅度控制在10%上下，即0.9≤个股市盈率/大盘市盈率≤1.1，风险控制比例以20%为基础，根据市盈率变化做上下调整，范围控制在10%～30%。

②业绩成长股：属高风险类股票，个股市盈率可高于大盘市盈率，但要控制在20%以内，即个股市盈率/大盘市盈率≤1.2，风险控制比例可适当提高，范围控制在15%～35%。

③绩优股：属低风险类股票，个股市盈率要低于大盘市盈率，并且要低于20%，即个股市盈率/大盘市盈率≤0.8，风险控制比例可适当降低，范围控制在5%～25%。

2.选择潜力股的几种常用方法

（1）从半年报中寻找潜力股。

①低市盈率。如果某只股票的市盈率与市场平均市盈率相比偏低，那么说明该股票的价格有可能被低估，该股票的价格在未来有上涨的潜力。

②高比例分配能力。如果某只股票不进行利润分配，或有再融资计划，而另外一只股票没有这样的扩容压力，那么后者就具备高比例分配的能力。投资者一般要选取那些具有高比例分配能力的股票。

③成长性。就投资的行业企业来说，寻找潜力股时一般不会从没有成长性的行业、企业中去找，因为没有成长性就意味着在未来不会带来稳定、客观的现金流，而企业投资也不会注重短线套利，因此还是应该选择那些成长性好的股票。

（2）从新增资金投向中寻找潜力股。新增资金有两种投向：一是短线色彩极为浓厚的短炒式的资金群体；二是以战略眼光挖掘具有潜在投资价值的资金群体。就选取潜力股而言，如果资金来源于前者，投机因素过多，不宜进入；如果资金来源于后者，投资价值明显，是寻找潜力股的好时机。

（3）从低价股中寻找潜力股。如果某只股票因为盈利少、业绩差导致价格低，那么这种股票根本就不具备投资价值。而如果股价低是因为市场对其估价偏低，或者是因为资金供给不足、市场交易不活跃，那么这种股票可能就是潜力股。

（4）从超跌股中寻找潜力股。从超跌股中选择业绩相对较好的个股时，可以从这样几方面来把握。

①个股短期调整幅度较大，股价处于历史底部区域，短期形成走稳态势。

②股价短期获支撑走稳与前期下档形成的技术性支撑相吻合，具有技术性见底的特点。

③股价短期下调时量能收缩较好，而底部走稳时，又有温和放量特点，逆势抗跌性相对较好。

④有业绩预增消息，尤其是中报每股收益预计大幅增长。

（5）由筹码集中度寻找潜力股。股价炒高的过程就是筹码从分散到集中的过程，反之，股价调整的过程也就是筹码从集中到分散的过程，因而分析上市企业定期报告中股东总户数以及户均持股数的变化，就为寻找未来具有涨升动力的潜力股提供了可能。所有促使上市企业股价上涨的因素，不管是基金主力增仓，还是业绩翻倍以及低市盈率，最后都必须落实到交易买卖上，因而主力进出动向可以通过筹码集中度变化反映出来。而随着信息披露活动的逐步规范，上市企业一年中4次公布的定期报告都对股东人数信息做了披露，这又为此项分析提供了信息上的保障。

关键点提示

选择潜力股时应掌握：

1.潜力股的选择标准；2.选择潜力股的几种常用方法。

2.10 如何掌握证券投资的一般方法

工作场景描述

当欲投资证券，希望获得一些买卖的一般操作技能时，可查看。

解读与分析

任何从事投资活动的企业都想确定购入何种证券，何时以低价买进，何时以高价卖出，以获得丰厚的投资报酬。但是事实上谁也没有绝对的把握来保证投资行为一定获得成功。不过投资者可以通过预先掌握某种良好的投资方法与技巧来弥补这一不足，以帮助自己掌握好证券投资的最佳对象与时机，减少或消除不必要的错误判断和决策。

1.投资三分法

证券投资三分法兼顾了投资的安全性、收益性和流动性三原则，是具有良好参考价值的投资策略。

该方法的内涵为：用一部分资金买进安全性好的债券或优先股票；将一部分资金投资于具有良好成长性的普通股票；一部分作为预备金，作机动使用。在这种三分法中，投资于债券或优先股的部分虽获利不大，但比较安全可靠；购买成长性股票虽然风险较大，但有可能获得较为可靠的差价收入或比较丰厚的红利收入；保留一部分资金意在等待最佳时机，当市场出现较好的投资机会时，进行追加投资，以期出奇制胜。而且，这部分资金在投资失利时，可用作日后反击的筹码或承担损失的能力准备。

2.因素分散法

因素分散法是指将投资资金分散在不同时间、不同地点、不同行业、不同企业等不同因素上，以实现收益与风险的合理组合。具体分散形式如下。

（1）到期日分散。债券到期日有长有短，在债券投资中，对债券到期日应予以必要分散，避免集中在某一点上或一段时间内，这样可维持一定水平的收入，并保护本金的安全。

（2）投资地区分散。不同地区由于经济状况不同，证券市场行情存在一定差别，甚至差别很大。因此，在不同地区分散投资，可以避免某一地区经济不景气给投资者带来的损失。

（3）投资行业和企业分散。在具体操作中，要选择不相关行业的企业的股票，因为相关程度高的行业往往是一倒俱倒，起不到分散投资的效果。例如，纺织业和服装业的相关程度很高，如果服装业不景气，纺织业也不会好。不相关的行业情况就会不同。

比如纺织业、建筑业和电子产业是相关程度较低的几个不同行业，当纺织业不景气时，有可能建筑业和电子产业很兴旺，这样能起到互补作用。同时要注意选购较多的优质股票，因为优质股能给投资者带来较大的回报。

3.趋势投资法

趋势投资法是股票投资者顺着股价运行的趋势进行股票买卖的操作方法。

趋势投资法认为，股市行情的变化具有一定的规律性，市场上升或下跌的趋势一旦确立，便将持续发展为一个较长的时期。如果投资者不按这种趋势来买卖股票，必然会遭受损失，因此顺应股市变化的趋势进行操作是一种明智的选择。当股价呈上升趋势时，进行买入操作；在股价呈下跌趋势时，则卖出股票，静观行情发展，伺机而动。

采用这种方法必须确定的前提是，尽可能早地发现股市趋势，而不是在一种趋势已快到尽头时再操作，这样不仅难以获利，还可能导致损失。因此，在操作中要注意两点：一是必须真正看清行情大趋势，无论股价处于上升趋势中还是下跌趋势中，都可能出现与大势相反的暂时性的反向表现，如果为其所迷惑，看错了股价变动趋势，就会导致逆市操作；二是必须把握好时机，即要注意观察趋势的反转，及时操作，当市场趋势开始转向上升时应及时购入，市场趋势转向下跌时要及时抛出。

4.拔档子操作法

拔档子操作法是投资者用以降低投资成本的操作方法：投资者在股价较高时，卖出所持股票，等价位下降以后，再予以补回。投资者采取拔档子操作法时，并非都对后市看坏，也不是为了获利了结，只是希望以高卖低买的方式来获取差价收益。

拔档子一般可以分为两种：一种为行情上涨一段后卖出、回降后补进的“挺升行进间拔档”；一种为行情跌落时趁价位仍高时卖出，待跌落后再买回的“滑降间拔档”。“挺升行进间拔档”多为主力在推动行情上涨之时，见价位已涨升不少，或遇到沉重的上升阻力，干脆自行卖出，迫使股价暂时冷却，以化解涨升阻力，一旦股价小幅回落，再行大批补回，以使行情再度猛升。“滑降间拔档”是指投资者在高价套牢或做多头者自知实力弱于卖方，在股价下跌以前，先行将所持股票卖出，待价位跌落后，再予以补回，从而降低投资成本，达到转败为胜的目的。

通常拔档时在卖出与买回之间所花的时间不会太长，短的可能只有两三天，长的通常也不过一两个月。拔档可以反复做，如果成功，则投资增值效果会相当明显。

5.保本投资操作法

保本投资操作法是避免血本耗尽的一种投资方法。一般是在经济不景气、股价趋势难以确认时，投资者利用此法，避免自己的本金遭受损失。采用此法时，最重要的不在于买进时机的选择，而在于做出卖出的决策。获利卖出点是投资者获得一定数额投资收益时，毅然将所持的一部分股票卖出的那个时点。这时卖出的不是所有的股票，而是需要保“本”的那部分。例如，某投资者心目中的“本”为总投资的50%，那么，他的获利点即为所持股票总值达到其最初投资额的150%时，在此点，该股票投资者可以卖出所持股票的1/3先保其本。

投资者第一次保本之后，可以进行第二次保本。一般说来，第二次保本比例可定低一些，等到价格上升到获利卖出点时，再卖出一部分，行情如果持续上涨，可继续卖出获利，以此类推，可做多次获利卖出。

此外，投资者还要制订停止损失点，防范过分亏损。停止损失点就是行情下跌到只剩下股票投资者心目中的“本”时即予卖出，以保住其最起码的“本”的那一点。假定某投资者制订的“本”是其投资金额的80%，那么当股价下跌20%时，就是投资者采取“停止损失”措施的时候了。

保本投资操作法适用于股市行情走势怪异，没有把握预测行情的涨落及转折时。

6.摊平操作法

摊平操作法是指投资者上档加码和下档摊平的投资操作方法。所谓上档加码，就是买进股票后，股价上升了，再加码买进一定量，以使持股数量增加，扩大获利比率。所谓下档摊平，即在股价下跌过程中，分批买进，股价越低，买进数量越多。下档摊平的操作方式分为三种。

（1）逐次平均买进摊平法，即将资金分为三部分，每一次都以三分之一的资金买进，而不考虑股价的变化，这样做不会承受太大的风险。

（2）加倍买进摊平法。它一般又有二段式和三段式两种。二段式是将总投资资金分三份，第一次买进三分之一；如行情再下跌，则利用另外的三分之二买进。三段式是将总资金分成七份，第一次买进七分之一；如行情下跌，则第二次买进七分之二；如行情再下跌，则第三次买进七分之四。

（3）加倍卖出摊平法。它是将资金分成三份，第一次买进三分之一的资金；如发现市况逆转，行情已下跌，则第二次卖出三分之二的资金。即要多卖出一倍的股票。这样可尽快摊平，增加获利机会。

对于此法，投资者要灵活运用，只有重视过去的操作经验，又不死板教条，才能获得较满意的投资效益。

关键点提示

证券投资的方法和技巧有：

1.投资三分法；2.因素分散法；3.趋势投资法；4.拔档子操作法；5.保本投资操作法；6.摊平操作法。

2.11 如何进行证券投资组合管理

工作场景描述

当企业投资证券，希望降低风险、优化结构、获得较好收益时，可查看。

解读与分析

在长期的投资实践活动中，人们发现，投资者手中持有多种不同风险的证券，可以减轻所遇风险带来的损失。投资若干种不同风险与收益的证券形成的证券组，我们称为证券投资组合。在传统的投资分析中，大都以定性的方法来说明证券投资组合的收益和风险。

组合投资理念是一种倾向于保守的、实用而有效的投资理念，其目的可以归纳为两个方面：

（1）最大限度地降低投资风险；

（2）尽可能地实现利润最大化。

投资者通过进行科学的组合投资，可以在投资收益与投资风险之间找到一个平衡点，即在风险既定的条件下实现收益最大化，或在收益既定的条件下使风险尽可能降低。

1.证券投资组合管理的内容

证券投资组合管理的目标是投资效用最大化，这种目标能否实现取决于组合管理的内部控制，包括投资计划、时机选择、投资标的证券选择及组合证券监督等。

（1）投资计划。投资计划是指要考虑和准备一组能满足组合管理目标的证券名单。如果投资目标是今年为增长，则投资计划应符合这种目标及其变化特征。如果投资没有任何计划做依据，则组合管理者就可能发现他拥有的有价证券无法实现组合管理的目标。

（2）时机选择。个别证券的价格波动会形成一个价格波动区间。投资分析的任务就是确定一个价格波动区间，从而以尽可能低的价格买入，以尽可能高的价格卖出。

（3）投资标的证券选择。在选择投资标的证券及实际买卖时，组合管理者应持谨慎及理性的态度，投资者不希望风险超过自己的承受力。

（4）组合证券监督。在充满竞争和风险的证券市场中，投资者购买某种证券后可根据实际情况选择短期、中期或长期持有，但不能无目的地闲置或抛售。组合管理者应定期检查组合中的各种证券，通过有效的证券分析来确定各种证券是否符合其组合投资的需要，如果不符合，则应及时调整。

2.证券投资组合管理的投资程序

（1）制订投资政策。制订投资政策是以投资目标、可投资金的数量和投资者面临的税收状况为基础，确定在最终投资组合中可能的金融资产的类别。一般地，收入型组合将重点放在经常收益的最大化上，增长型组合强调投资的资本增值，混合型组合的目标是在经常收益和资本利得之间取得预期平衡。

（2）实施证券分析。证券分析是对所确定的各类证券的投资价值进行考察。传统证券投资组合管理的证券分析方法主要有两类：一类是基本分析，一类是技术分析。

①基本分析，通过基本的经济因素分析，确定证券的内在价值。一种证券的当前市价大于其内在价值，表明其价值被高估，现时卖出即可获得价格高出价值的那部分额外

收益。反之亦然。

②技术分析，通过考察市场的供求关系变化状况，确定证券历史和当前的价格趋势，借以预测其未来的价格走向。供求关系由各种理性和非理性的因素决定，任何因素只要引起供求关系的变化，就迟早会在市场价格走势图上被发现。而且，证券的历史价格趋势和模式会规律性再现，对未来的走势预测具有指导意义。因此，技术分析的典型表现是将证券的价格信息以图表形式予以分解，并借此实施分析。

（3）构建证券投资组合。投资组合的构建过程是由下述步骤组成的。

①界定适合选择的证券范围。

②测算出各个证券和资产类型的潜在回报率的期望值及其承担的风险，并对这种估计予以明确的说明。

③选择各种证券，确定投资组合内各证券的权重。

（4）修正证券投资组合。随着时间的推移，投资者可能改变投资目标，从而使当前持有的组合不再最优，为此需替换现有组合中的某些证券。另一种可能是市场环境的变化、交易成本的变化或投资者预期改变等，引起投资者对组合中不同证券的不同评价，从而导致对组合中证券的调整行为。

（5）证券投资组合业绩评估。证券投资组合业绩评估不但要对组合运作业绩历史进行评定，而且要对下一阶段组合管理的方向及策略进行策划。只有在同一收益水平上，风险与收益才具有可比性。因此，在综合考虑投资的风险和收益的同时，也要对与此有关的技术等因素进行评价。

关键点提示

进行证券投资组合管理时应掌握：

1.证券投资组合管理的内容；2.证券投资组合管理的投资程序。

2.12　如何运用收益率进行债券投资决策

工作场景描述

当要运用收益率分析债券投资时，可查看。

解读与分析

我国债券市场目前流通交易的债券品种主要有国债、金融债券（包括央行票据和国家开发银行、进出口银行、农业发展行等银行的政策性金融债券）、企业债券和可转换债券四种，其中前两种是可以同时在银行债券市场和交易所债券市场发行交易的，后两种则限定在交易所债券市场发行、交易。

我国国债随改革开放的进程逐步发展起来，到现在已初步形成具有不同期限、不同品种、不同收益率的国债规模结构，并已形成一条为市场所接受的国债收益率曲线。在一定程度上，国债收益率已经成为反映宏观经济运行及央行利率变动调整的信号。同时，国债的发行和认购已经形成科学、合理的模式，包括国债回购、逆回购在内的市场交易加强了二级市场的流动性，增强了货币市场的融资能力，是值得企业投资的稳健投资品种。

与之相比，金融债券的发行直到近几年才活跃起来。央行控制货币流通数量及利率的一个重要手段就是在银行间货币市场发行中央银行票据，不过这种形式的债券只针对特定的成员发行和交易。

企业债券的历史虽说也不短，但是规模、结构与国债、股票不可同日而语。目前主要是由国家发展和改革委员会负责额度审批，由中国人民银行会同财政部、中国证监会共同管理。企业发行企业债券，需要满足《企业债券管理条例》规定的若干条件。因为企业债券的风险相对股票要小，所以其收益率比股票的预期收益率要低。我国对企业债券的利率管理相当严格，企业债券的利率不得高于银行相同期限居民储蓄定期存款利率的40%，所以，其收益率不是很高，但同时其投资风险也较小。

不论是长期债券投资，还是短期债券投资，都有到期日，都要按期还本付息。投资者在购买债券之前，应该计算预计投资收益率，并将该收益率与银行存款利率、股票投资收益率以及其他投资项目收益率进行比较，从而判断出向哪个方向投资更有利。

在评估债券价值时，要么收益率水平已经给定，将这一收益率作为折现率来计算债券的价值；要么债券的价格给定，反算该债券的收益率。本节介绍给定债券价值或价格时不同形式的收益率的计算方法。

1.直接收益率

直接收益率完全是根据利息率和市场价格计算的，直接收益率的计算公式为：

$$r_{\mathrm{d}} = \frac{C}{P_0}$$

式中：r_{d}为债券直接收益率；C为年利息；P_0为市场价格。

直接收益是债券收益的一部分，而不是全部。首先，债券的价格随着到期日的到来将逐渐接近面值。其次，债券价格因市场环境的变化在不同的持有期是不一样的，企业如果不打算持有到偿还期的话，在计算r_{d}时，不用考虑价格变动所引起的资本利得和损失。

2.到期收益率

计算到期收益率有以下几个假设：持有债券直至到期日；全部的现金流量（利息和本金）都按债券的规定实现；在债券到期日之前，发行者不得回购债券；利息所得将用于再投资；实际收益率等于到期收益率。到期收益率根据债券的不同特点分别计算。

（1）附息债券的收益率

附息债券收益率的计算是将债券各期的收入，用适当的折现率折算成现值，计算其内在价值，再与债券的实际价格相比较，多出的部分就是附息债券的收益部分。

设定债券的面值为F，票面利率为R，期限为N，现行价格为P，则其到期收益率r的计算公式为：

$$P = \frac{FR}{1+r} + \frac{FR}{(1+r)^2} + \frac{FR}{(1+r)^3} + \dots + \frac{FR}{(1+r)^N}$$

例如，面值为1000元的3年期债券，票面利率为8%，每年付息一次，发行价格为960元，其到期收益率是多少？

解：根据题意，可以列出方程

$$960=\frac{1000\times8\%}{1+r}+\frac{1000\times8\%}{(1+r)^2}+\frac{1000\times8\%}{(1+r)^3}$$

解此方程得：r=9.6%。

（2）贴现债券的收益率

贴现债券通常是期限不到一年的短期国债或银行票据。以短期国债为例，某国债品种的折现率为7%，还剩90天到期，面值为1000元。其收益率的计算步骤如下。

①计算实际折现率。贴现债券以年折现率报价，实际折现率可根据到期天数折算（全年以360天计算）：

$$7\%\times\frac{90}{360}=1.75\%$$

②计算实际成交价。实际成交价为票面价值减去贴现值：

1000—1.75%×1000=982.5（元）

③计算实际投资收益率，即投资者购买该国债90天到期后的实际收益率：

$$\frac{1000-982.5}{982.5}\times100\%=1.78\%$$

④计算投资的年收益率：

1.78%×360/90=7.12%

即投资者购买折现率为7%的国债的年实际收益率为7.12%。

3.持有期收益率

投资者通常关心的是在某一特定持有期内的债券收益率，即持有期收益率（HPR），如在1个月内买卖同一种债券。对于附息债券，HPR的计算公式如下：

$$P_{t+1}+I_{t+1}=P_t(1+HPR)$$

$$\frac{P_{t+1}+I_{t+1}}{P_t}=1+HPR$$

$$\mathrm{HPR}=\frac{P_{t+1}-P_t+I_{t+1}}{P_t}$$

式中，HPR为t期持有收益率；P_t为债券发行或购买价格；P_{t+1}为债券到期日或出售时价格；I_{t+1}为t期获得的利息。

在债券市场上，各种债券的收益率每天都在变化，这种变化实时表现在债券的价格上。因此，收益率是判断持有债券获益或亏损的一个最主要指标。

公开发行的债券可以在证券市场上随时变现，企业作为债券投资者，可以视自身的财务状况和发展战略，在需要现金流时，卖出所持有债券而回收资金，也可以在看好某一只债券未来收益时买进相当规模该债券，以获取未来收益。

国外统计数据显示，一般债券投资者都不会将所持有的债券保留到期而获取到期收益率，而是不断寻求新的收益率更高的投资机会。所以企业在进行债券投资时，应当关注收益率的变化及收益率曲线的变动趋势。

关键点提示

用于计算债券价格的收益率有：

1.直接收益率；2.到期收益率；3.持有期收益率。

2.13 如何运用利率期限结构进行债券投资决策

工作场景描述

当要运用利率期限结构进行债券投资决策时，可查看。

解读与分析

不同于股票，债券总有到期还本付息的那一天。不同的利率期限对应着不同的偿还期，也对应着不同的风险和收益。对收益率曲线进行判断是一个企业进行债券投资时必须要具备的技能。

1.曲线与利率期限结构

债券的利率期限结构是指其他条件都相同时，债券的到期期限与到期收益之间的关系。

市场利率的变化会引起债券价格的变化，进而引起债券到期收益率的变化，因此不同到期期限债券的到期收益率是不同的。如果把债券到期收益与到期期限之间的关系用图表示出来，即可得到债券的利率期限结构图，图中的曲线即为债券的收益率曲线，这条收益率曲线给出了某一时刻不同时期期限债券的不同收益水平，即债券特定的利率期限结构。

（1）正收益曲线。债券的正收益曲线是在整个经济运行正常、不存在通货膨胀压力和经济衰退危险的条件下出现的。它表示其他条件相同的债券，期限越长，利率越高；期限越短，利率越低。

（2）反收益曲线。当人们过多追求长期债券的高收益时，必然造成长期资金供大于求，引起长期债券的利率下降而短期债券的利率上升。虽然反收益曲线从理论上来讲是反常的利率期限结构现象，但在实际债券市场上并不少见。

（3）平收益曲线。当人们过分追求短期利率而把资金投入到较短期的债券上时，短期利率会因资金供给增多而下降，长期利率却因资金供给不足而上升，从而出现一种长、短期债券收益率趋于相等的过渡阶段。

（4）拱收益曲线。在某一时间限度内债券的期限越长，收益率越高，超过一定限度，则期限越长，收益率越低。拱收益曲线是在短期利率急剧上升阶段所特有的利率期限结构现象。

就债券期限的长短来说，短期债券更容易受到利率变动等经济状况改变的影响，而长期债券由于锁定收益率，短期内不会受市场状况干扰。但是，由于长期债券有潜在的违约风险及再投资风险，因此从收益率曲线上看，长期债券的收益率曲线比短期的要高，一般都为正收益曲线。

2.期限结构理论

迄今为止，用来解释收益曲线形状的期限结构理论主要有三种，即预期理论、流动性偏好理论和市场分割理论。

（1）预期理论。预期理论是利率期限结构理论中最主要的理论，它认为任何证券的利率都同短期证券的预期利率有关。如果未来每年的短期利率一样，那么，现期长期利率就等于现期短期利率，收益曲线表现为一条水平线；如果预期未来的短期利率上升，那么，现期长期利率将大于现期短期利率，收益曲线表现为一条向上倾斜的曲线；如果预期未来的短期利率下降，那么，现期长期利率将小于现期短期利率，收益曲线表现为一条向下倾斜的曲线。

（2）流动性偏好理论。这种理论认为，短期债券的流动性较强，二级市场活跃，价格波动也较小，因此它比长期债券的吸引力要大。长期债券的利率应等于现行短期利率和预期未来利率的均值再加上流动性风险补偿率。

如果投资者在预期的期限前必须将债券变现，或者如果投资长期债券要承担较大的价格风险，那么投资者就倾向于购买短期债券。也就是说，如果短期利率与长期利率完全一致的话，即使有意做长期投资的投资者，也会采用滚动购买短期债券的办法——既不影响投资收益，又可以增强资产的流动性。

按照流动性偏好理论，两年期利率将大于一年期，高出的部分就是流动性溢价。流动性溢价的存在，使得投资者愿意购买风险较大的长期债券。同时，流动性溢价随着到期期限长度的增加而不断扩大，体现出期限越长的债券拥有越大的价格风险。

（3）市场分割理论。债券市场可以分割为很多相互独立、投资期限不同的封闭子市场，资金借贷双方对于借款或贷款的到期期限各有偏好，因此收益曲线的斜率取决于长短期资金市场的资金供应情况。若在某一特定的阶段，长期市场的资金供不应求，短期市场的资金却供过于求，则长期利率会高于短期利率，此时债券收益曲线将向上倾斜，表现为正收益曲线。从资金需求角度看，如果商业周期进入上升期，对长期资金的需求增加，则推动长期利率上升；如果商业周期进入衰退期，企业进入存货积累阶段，则表现为短期利率逐渐上升。

关键点提示

用来解释收益曲线形状的期限结构理论主要有三种：

1.预期理论；2.流动性偏好理论；3.市场分割理论。

2.14　如何运用债券的久期原理进行债券投资决策

工作场景描述

当运用久期原理进行债券投资决策时，可查看。

解读与分析

债券的票面期限只考虑了本金的偿还，而忽视了利息的支付，不能真实地反映债券长期或短期的性质。而“债券的到期时间越长，债券的利率风险就越大”的结论，只是建立在被比较债券票面期限差距非常大的基础上的。为了解决债券多次支付导致“期限”模糊不清的问题，弗雷德里克·麦考利于1938年提出了久期的概念。

1.债券的久期及其计算

久期把所有影响债券利率风险的因素全部加以考虑，形成一个经过修正的投资期限标准。该期限标准越短，债券对利率的敏感度越低，风险越小；该期限标准越长，债券对利率的敏感度越高，风险越大。

债券的久期可以分成两部分来计算：

$$W_t = \frac{\mathrm{CF}_t}{(1+y)^t} / \sum_{t=1}^{T} \frac{\mathrm{CF}_t}{(1+F)^t}$$

$$D = \sum_{t=1}^{T} t \times W_t$$

式中，W_t为到期时间t的权重；CF_t为t时间发生的现金流；y为市场收益率；T为支付次数；D为计算所得的久期。

根据上述公式，我们还可以计算得到：

$$付息债券的久期 = \frac{1+y}{y} - \frac{(1+y)+T\ (c-y)}{c[(1+y)\ T-1]+y}$$

$$稳定年金的久期 = \frac{1+y}{y} - \frac{T}{(1+y)\ T-1}$$

$$无限期限债券的久期 = \frac{1+y}{y}$$

式中，c为债券的票面利率；y为市场收益率；T为支付次数。

久期是一个时间概念，是到期收益率的减函数。到期收益率越大，久期越小，债券的利率风险越小。久期较准确地表达了债券的到期时间，但无法说明当利率发生变动时债券价格的变动程度，因此引入了修正久期。修正久期=久期/（$1+y$）。它表示市场利率的变化引起的债券价格变动的幅度。

利用久期来衡量债券的利率风险有一定的误差，债券价格随利率变化的波动性越强，这种误差越大。凸性可以衡量这种误差。

凸性是对债券价格曲线弯曲程度的一种描述。凸性越强，债券价格曲线弯曲程度越大，用修正久期度量债券的利率风险所产生的误差越大。严格地定义，凸性是指在某一到期收益率下，由到期收益率发生变动引起价格变动的程度。

2.久期在债券投资中的应用

债券投资者通常面临着两种起相互抵消作用的利率风险：价格风险和再投资风险。投资者投资长期债券，随着利率的提高，预计债券价格会下降，低于投资时预期的价格，从而产生资本损失，这就是价格风险；同时，随着利率的升高，每次收到票息的再投资的收入却会增加，从而由于再投资风险而获利。因此，利率发生变化对投资者最终收益的影响取决于两种风险反方向运动的结果。

（1）利率免疫。买进债券并持有到期的投资者关心的首要问题是支付的利息。由于有两种起相互抵消作用的利率风险存在，投资者如果能合理地利用正确选择的久期，就可以免除这两种影响。当债券的久期与投资者的持有期相等时，到期时债券价值将不受利率波动的影响，即价格风险与再投资风险将完全抵消。

（2）选择期限。投资者更关心的是所持有债券的价格变化。当预测市场利率将下降时，修正久期越大，债券价格的上升幅度越大，对投资者越有利，投资者就应该选择修正久期较大的债券。这样，当市场利率未来确实下降时，债券就可以获得较高的增值。但是，如果市场利率未来不是下降了，而是上升了，那么债券会贬值很多。此时，投资者必须承担债券贬值的风险。当预测市场利率上升时，修正久期越小，债券价格下降的幅度越小，投资者的损失也就越小，对投资者来说，应该把久期较长的债券换为久期较短的债券。

（3）选择债券。当市场收益和债券的久期一定时，债券的利息率越低，凸性就越弱。在债券投资中，投资者应对各种债券的久期和凸性进行计算，选择凸性强的债券。这种债券价格上升的力量较大，而价格下跌的幅度相对较小。例如，面值同为100元的债券，每年付息的债券A票面利率为12.5%，期限12年；债券B票面利率为6%，期限10年。在市场利率6%的情况下，两者的调整久期都为7.36年，而两者的凸性分别为69.74和75.58。

（4）间接反映债券投资风险。如果单从流动性风险角度考虑久期，那么对流动性要求较高的投资者应选择久期较短的债券。如果从投资者风险偏好角度看，风险偏好者可以选择久期比较长的债券，而风险规避者可以选择久期比较短的债券。假定市场收益率和票面期限一定，那么利息率较低的债券价格风险较大。低利率债券的久期较长，根据久期计算的债券波动也就较大，加上更小的凸性，进一步反映了低票面利率长久期、弱凸性的特点，使债券的价格风险更大。

但是，也应该指出，当债券收益率的变化相对较大时，通过修正久期计算出来的价格变动就不太准确了。

关键点提示

投资者运用久期原理进行债券投资时应该把握：

1.债券的久期及其计算；2.久期在债券投资中的应用。

2.15 如何对债券进行合理估价

工作场景描述

当要对债券做出合理的价格测评时，可查看。

解读与分析

决定债券价格的基本因素是利率和偿还期，对债券价格进行评价的方法，主要是对不同偿还期限和不同还本付息方式债券的收益率大小进行判断。

1.对债券进行价格评测的方法

按债券利息支付方式的不同，我们可以把债券价格的确定分成以下几种。

（1）纯贴现债券价格的确定。纯贴现债券承诺在未来某一个确定的日期做某一单笔支付。比如说1元，如果在从现在开始的1年以后支付，则该债券被称为一年期纯贴现债券；如果支付发生在两年后，则被称为两年期纯贴现债券，以此类推。

下表为四年期各种债券的现金流模型。“纯贴现债券”一行显示了四年期纯贴现债券的现金流模型，面值在48个月后债券到期时才得到支付，在这个日期前没有任何利息和本金的支付。

不同类型的债券利息和本金的支付

时间/年	0		1		2		3		4	…
利息支付期/月	0	6	12	18	24	30	36	42	48	…
纯贴现债券									F	
平息债券		C	C	C	C	C	C	C	$F+C$	
永久公债		C	C	C	C	C	C	C	C	C

注：C——每6个月支付的利息；F——四年期纯贴现债券和政府公债的面值。

确定债券现值的方法是对未来现金流进行贴现，为简化起见，有时用债券的价格来代替债券的现值。纯贴现债券在未来T年后支付F金额的面值，设T年中每年的利率为r，因为面值是债券支付的唯一现金流，则该债券的现值为：$P_V=F/(1+r)^T$。例如，利率为

10%，在债券为20年到期且面值为1000000元的情况下，应用该公式，得出该债券的现值为：$P_V = 1000000/1.1^{20} = 148644$（元），即大约只有面值的15%。

（2）平息债券价格的确定。大多由政府或企业发行的债券不仅要在到期日支付现金，在发行日和到期日之间也进行有规律的现金支付，后者被称为债券的票面利息。上表中的“平息债券”一行显示了一个4年期的平息债券的实例。利息每6个月支付一次，并在债券的生命周期中一直保持一致。

平息债券的价格是其利息支付的现值和其本金支付的现值之和。平息债券每期能得到价值为C的年金，连同到期得到的面值F，则该平息债券的价格为：

$$P_V = C/(1+r) + C/(1+r)^2 + \ldots + C/(1+r)^T + F/(1+r)^T$$

式中，C为债券的票面利息；F为债券的面值。

举个例子来说明，假设现在是2021年6月，政府发行面值为1000元、年利率是13%的债券。利息在每年的6月和12月各支付一次。票面价值将从现在开始的4年后支付。据此，购买者可取得以下收益，见下表。

不同日期债券的不同收益

日期	2021年12月	2022年6月	2022年12月	2023年6月
收益/元	65	65	65	65
日期	2023年12月	2024年6月	2024年12月	2025年6月
收益/元	65	65	65	65+1000

如果实际年利率是15%，那么债券的现值是多少呢？

我们知道每6个月支付的票面利息是年利息的一半，那么在这个例子中，半年的利率为7.5%，每期支付的票面利息是65元，从2021年到2025年共分8期支付，则债券的现值是：

$$P_V = 65/1.075 + 65/1.075^2 + \cdots + 65/1.075^8 + 1000/1.075^8$$

$$= 380.724 + 560.852 = 941.576\text{（元）}$$

交易者将按941.576元来报价，表明该债券将按面值1000元的94.1576%来出售，即折价发行。

（3）永久公债价格的确定。永久公债从不停止支付票面利息，没有最后支付日，也没有到期日。永久公债在股市中的一个重要应用就是优先股的发行及其红利的支付。优先股是一种由企业发行的、给予持有者永久固定红利的股票。如果企业对优先股的股利支付没有任何问题，这样的优先股实际上就是永久公债。永久公债价格的确定可以用永久年金公式来计算。

例如，如果市场利率是10%，每年能得到50元的政府永久公债的价格为：P_V=50/0.10=500（元）。

2.债券估价在投资上的运用

（1）假设基准利率不变。债券的内在价值决定于债券的内在收益率。

内在收益率=纯利率+通货膨胀补偿率+风险收益补偿率+期限收益补偿率

一般地，短期无风险利率=纯利率+通货膨胀补偿率，而基准利率在我国为发行首日和其他各计息年度起息日适用的中国人民银行公布的一年期整存整取定期储蓄存款利率。在基准利率，包括预期的基准利率不变的情况下，债券内在收益率相应不变，投资者可以通过债券的估价模型与理论，估计债券的内在价值P_V，同该债券的市场价格P相比较。

若P_V大于P，说明该债券被低估，可买进；若P_V小于P，说明该债券被高估，可卖出；若P_V等于P，说明该债券被正确估价，应观望。

（2）假设基准利率可变。随着时间的推移，基准利率会不断发生变化，相应地，债券的内在收益率也会发生变化。债券内在价值变化与内在收益率变化方向相反，债券内在价值变化大小与内在收益率变化大小及期限长短成正比，与利息分期支付的多少成反比，而债券的内在收益率与风险水平和期限长短成正比。

若基准利率变化方向可准确预期，投资者可以在预期基准利率上升时卖出期限长、风险大的债券，在预期基准利率下降时买进期限长、风险大的债券。若基准利率变化方向难以准确预期，企业做投资时如果想要回避价格变化所带来的风险，则可买进期限短、风险小、利息支付多的债券，卖出期限长、风险大、利息支付少的债券。

关键点提示

对债券进行合理估价时需掌握：

1.对债券进行价格评测的方法；2.债券估价在投资上的运用。

2.16　如何选择债券投资管理策略

工作场景描述

当要为不同的债券组合选择科学合理的管理策略时，可查看。

解读与分析

债券投资管理的中心思想是在利率变动时，市场上总会存在没有被正确定价的债券，通过事前的分析发现这些券种并买入，就能有效地规避利率变动的风险。债券投资者只有通过对市场利率变化总趋势的正确预测分析，选择恰当的市场时机，调整自己的投资组合，才能达到风险最小而收益最大的效果。根据债券的收益特征和风险特征，债券投资管理应采取的策略如下。

1.预测利率变化，决定投资策略

市场利率是影响债券内在投资价值的主要因素，因此，企业从事债券投资活动时必须对市场利率的未来趋势进行预测。

（1）预期利率上升时的投资策略。如果预期利率上升，则债券市价下跌，实际收益率减少，这时企业投资债券的基本策略便是购买短期债券而回避长期债券。虽然在债券投资初期，长期债券的票面利率要高于短期债券的票面利率，但长期债券的票面利率固定不变，如果新发行的短期债券的利率随市场利率的提高而提高，这样投资短期债券的实际收益率会高于投资长期债券的实际收益率。

（2）预期利率下降时的投资策略。当预期利率下降时，企业应选择投资长期债券，这样，企业不但可以获得债券市价上升和实际收益率上升的好处，而且可以回避购买短期债券带来的再投资风险。

2.债券互换

债券互换就是通过对债券或债券组合在分析期中的收益率预测来主动地调换债券，从而主动地经营一组债券资产。其主要思想是，卖出自己手里所持有的债券，与此同时，买进与自己卖出的债券性质几乎完全相同，但收益较高、收益的机会也较大的债券。债券互换的主要形式有以下四种。

（1）替代型互换，即将一种债券和另一种与其极相似的理想替代债券进行调换，目的是获取暂时的价格优势。替代型互换的主要思路是，如果发现市场上有一种与原来投资的债券性质几乎相同的债券，由于市场的扭曲，债券的市场价格低于它的实际价值，这时债券投资者就可以卖出自己所持有的债券，以较低价格买进被市场低估的债券。一旦市场认识到该债券被低估时，价格上涨，投资者就可以得到价格上涨的收益。

（2）纯收益率互换。这种方式主要着眼于长期的收益变动，用那些长期收益高的债券来替换掉那些长期收益较低的债券。投资者只需把债券持有到到期日便可，而不必考虑利率因素，不必分析债券的价格是被高估还是低估。

（3）利率互换。利率互换是指两个债务人之间根据各自的需要，在互惠互利的基础上进行的一种交换。它原是金融机构，如银行、保险公司等大企业控制利率风险的工具，现在已被广泛地用于债券投资管理。

（4）应急免疫方法。只要主动管理可以获得有利的结果，就对债券资产实行主动管理。但是，一旦出现不利结果，债券资产立即就可以成为免疫资产。要想成为应急免疫资产，一般要投入比免疫资产更高的本金数额，并且规定一个最低的收益率。但是应急免疫方法的目的是获取一个比免疫资产的收益率更高的收益率。在该方法中，为了保证资产的安全，一般都硬性规定应急免疫资产的市场价值与免疫资产所需金额的差额大于该固定差额，这时管理人员方可继续进行主动管理，否则，就必须使该组合资产成为免疫资产。

3.回避信用风险

企业是采用高风险高收益的策略，还是采用低风险低收益的策略，应取决于企业财务的流动性。如果企业投资债券的资金是与正常生产经营无关的资金，那么可以将其投向低信用级别的高收益债券，否则就不应该将这些资金投向信用级别低的债券。

4.合理安排投资资金

任何投资都有机会成本。债券投资风险较小、收益率较稳定，企业不仅可以将长期闲置资金用于债券投资，还可以用于收益率更高的投资项目。这就需要在这两者间寻找一个平衡。

5.重视债券的变现能力

现阶段，在我国债券市场还不十分完善的情况下，众多企业发行的债券都只能在柜台上进行交易，变现能力差。因此，企业购买债券时，应根据资金闲置时间的长短和金额，安排购买不同到期日的债券，使企业在追求高收益率的情况下尽可能避免中途变现带来的变现损失。

关键点提示

债券投资管理应采取的策略有：

1.预测利率变化，决定投资策略；2.债券互换；3.回避信用风险；4.合理安排投资资金；5.重视债券的变现能力。

2.17　如何对债券实施科学的免疫策略

工作场景描述

当要运用免疫策略对债券投资做出决策时，可查看。

解读与分析

免疫策略就是在获得收益的同时，尽量中和到期收益率变化所产生的负效应，最大可能地从利率变化中获取收益。

根据投资人预期目标的差别，债券投资的免疫策略可分为单一支付负债下的资产免疫策略、多重支付负债下的资产免疫策略和有条件的利率免疫策略。

1.单一支付负债下的资产免疫策略

D是债券投资者现金收入的平均到期日，又称麦考利久期。该期限标准越短，债券对利率的敏感度越低，风险越低。

$$D = 1 \times \frac{C_1/(1+r)}{P} + 2 \times \frac{C_2/(1+r)^2}{P} + \ldots + n \times \frac{C_n / (1+r)^n}{P}$$

式中，C_n为第n期债券利息现金流；r为债券收益率；P为债券面值。

要想使一种债券组合的目标价值或目标收益免受市场收益率变动的影响，就必须投资这样一种债券或债券组合：①麦考利久期（D）等于其投资期限；②来自这种债券或债券组合的现金流量初始现值等于未来负债的现值。这也是单一支付负债下的利率免疫的管理方法。

2.多重支付负债下的资产免疫策略

多重支付负债条件下，要想使债券资产组合所产生的现金流量足以抵补在投资期限内的每一笔债务流，必须满足以下条件。

（1）债券组合的期限必须等于债务的期限。

（2）各种债券组合资产的期限分布必须比债务的期限分布更加广泛。

（3）来自债券组合的现金流量现值必须等于债务流的现值。

常用的策略是现金流量匹配策略。具体来说，首先选择一种到期时间与最后的债务流相匹配的债券，用等于最后债券数额的本金数额投资这种债券，同时这种债券的息票付款可用于减少这个债务流的剩余部分，然后按照相同的原理选择另一种债券，直到所有债务都可由这个债券组合中的债权付款与之相匹配。

3.有条件的利率免疫策略

有条件的利率免疫策略是让债券投资者承担一点市场利率上升的风险，而获得完全的市场利率下跌的收益。

其内涵如下。在任何一个时间点，市场利率既可能升，也可能降。投资者不必为了消除风险，而把利率固定下来，而是继续让市场利率波动。如果市场利率下降，债券价格上升，这对投资者有利，投资者可以任其下跌，直到估计利率不再下跌时，再用利率免疫法把投资收益锁住。这样，债券投资者可以收到利率下降给他带来的收益。反之，如果市场利率上升，则债券价格下跌，对投资者不利。这时投资者可以用利率免疫法把损失锁住，使之不再扩大。不过，在锁住利率时，利率已经上升，债券价格已经下跌，投资者已经有所损失。这个损失就是“有条件利率免疫”的代价。但这样做的好处是，风险可以通过设立一个“临界点”来加以控制，市场利率一到该点，或损失已达到所规定的界限，则马上通过利率免疫法把它锁住，使风险小到自己可以承受的点上。如果利率下跌，债券投资的收益会很大。收益和风险相比，还是合算的。

无论采用哪种免疫策略，都是试图构造特定的投资组合，尽量覆盖引起某一类风险的各个因素水平。当各个因素水平上的投资收益发生波动时，各个证券投资之间的风险恰好可以相互抵消，从而达到消除投资组合风险的目的。

关键点提示

债券投资的免疫策略有：

1.单一支付负债下的资产免疫策略；2.多重支付负债下的资产免疫策略；3.有条件的利率免疫策略。

2.18　如何确定企业并购的程序

工作场景描述

当要了解企业并购的程序时，可查看。

解读与分析

企业通常出于效率、财务协同效应、股东财富最大化等原因实施并购。这一复杂的交易过程，涉及经济、法律和规章等多方面的问题，如企业交易的基本法规、金融法、会计法、公司法、税法及反不正当竞争法等。纵观并购全过程，其一般包括组成并购小组、确定并购战略、确定目标企业、目标企业评估、确定并购价格、并购融资、具体实施、并购后企业的整合等一系列操作程序。

1.组成并购小组

投资银行是主要从事证券发行、承销、交易，企业重组、兼并与收购，投资分析、风险投资和项目融资等业务的非银行金融机构，是资本市场上主要的金融中介。

由于兼并与收购的程序、内容比较复杂，并购方在开始进行并购操作时，需要成立一个并购小组。并购小组的成员中，需要有一名精通并购理论且有足够实践经验，能对并购过程进行有效管理并做出相应决策的经营型领导者。一般情况下，小组的决策领导由并购方企业的最高层经理出任，其他成员应包括：律师、会计师、对企业业务熟悉的专业人员（如行业工程师、营销专家）等。由于在并购中一般会涉及举债或增资扩股的财务问题，成员中还应包括一名投资银行方面的专家。

2.确定并购战略

由于企业并购是一项目的明确、具有风险的业务，因此，有并购意图的企业在并购开始阶段，都应为自己制订一个切实可行的战略，以适应不断变化的各种外部经济形势，最终达到并购的目标。在实践中，企业并购通常实施的战略有加强型战略、扩张型战略两种类型，并购者必须根据本企业在市场上的地位、目标、机会和资源确定适合自己的战略，一个切实可行的并购战略是并购成功的关键。

3.确定目标企业

如何在市场中找到合适的并购对象，是企业并购决策中的重大问题。收购目标的选定是一个科学、认真、严谨的分析过程。在收集到的所有可能并购目标中，企业需根据自身的特点，发挥“智囊团”的作用，仔细分析备选目标的基本情况，以确定最有可能实现并购目的的并购目标。

4.目标企业的评估

在确定目标企业后，并购方在并购开始阶段应得到目标企业全面的信息，以决定是否继续收购。收购方应对目标企业进行全方位的审查、评估，一般先从外部获得资料，对书面资料做初步分析，而后进行实际接触，取得较精确的财务资料，再做进一步的评估。其着重点如下。

（1）审查评估目标企业的有形资产。

（2）检查目标企业的财务管理制度。

（3）评估目标企业的无形资产和经营情况。

5.确定并购价格

并购价格的确定是一个重要决策，需对目标企业进行综合价值评估，包括目标企业占有的固定资产、流动资产、无形资产等全部资产的价值以及未来经营获利能力和产权转让后将产生的价值增值等方面。价值的认定应建立在全面掌握目标企业信息的基础上，运用详尽的价格分析方法，以增强在谈判中的主动性。

6.并购融资

当并购价格和支付条件超出了并购企业的财力条件时，就必须进行并购融资，目前主要有两种融资方法：

（1）杠杆并购融资；

（2）信用贷款和抵押贷款并举。

7.具体实施

当并购双方就以上问题进行协商、谈判后，正式进入并购的具体实施阶段。

（1）股东会或董事会批准。

（2）政府部门批准。

（3）并购双方签订并购合同。

（4）并购双方做变更登记。

8.并购后企业的整合

并购后的整合是企业并购战略的一部分。并购后企业在内部管理方面的整合作业，主要是管理制度、经营方式及企业文化等方面的整合，重新组织企业内部各项新旧业务运行的衔接，协调解决各职能部门、经营单位间由于目标和利益不同而引起的摩擦和冲突等。在营运作业上的整合可将工作程序标准化，消除重复劳动，以利于提高生产效率。此外，企业并购时，将并购企业的企业文化融入目标企业之中也是非常重要的。

总之，并购的过程是环环相扣的，每一步既是结果，又为下一步的成功奠定基础。

关键点提示

企业并购的程序有：

1.组成并购小组；2.确定并购战略；3.确定目标企业；4.目标企业的评估；5.确定并购价格；6.并购融资；7.具体实施；8.并购后企业的整合。

2.19 如何选择企业的并购目标

工作场景描述

当有了对其他企业实施并购的意图而寻找并购对象时，可查看。

解读与分析

企业的并购会涉及诸如金融、法律等一系列具体而复杂的问题，实施时需要多方面专业人员的合作，即需要企业管理人员、投资银行家、注册会计师、律师和咨询机构的共同参与，通过综合分析研究来确定并购的目标。

1.结合企业自身的发展战略

如果并购的目的在于扩大生产规模、提高市场占有率，则目标企业所在行业、目标企业的产品必须与并购企业相关联；如果并购的目的仅在于一般性的企业增长，则也可考虑其他行业中的企业；如果并购的目的在于减少交易成本以及获得协同效应，则其关注的焦点必然在于并购企业对目标企业资产的专用性程度以及与目标企业的协同作用；如果并购的目的在于通过多样化经营减少经营风险，则目标企业的经营领域与并购企业的业务相关程度不要太大，关联度越小反而越好。

2.寻找具有一定特征的企业

通常来说，这些目标企业具有下列特征。

（1）营业亏损。并购企业一般是经营业绩较好，有着良好发展前景的企业，有资金实力进行扩张。而目标企业一般是经营管理不善、处于微利或亏损状态的企业，为了寻求出路，有被优势企业并购以改善其经营状况的愿望。并购后，目标企业在近期经营中发生的亏损，可冲抵并购企业的部分利润，减少企业的应纳税额，这一合理的避税行为对并购企业也有一定的吸引力。

（2）协同、互补性强。并购双方如果协同、互补性强，并购后企业经营则更加顺利，增值能力强，使并购双方有内在的协同动力。

（3）市盈率较低。并购企业股票市价较高，即市盈率较目标企业高。假设并购前后企业市盈率仍保持不变，则并购后有利于提高企业的每股净利润，即有利于提高并购后企业的每股市价。市盈率是衡量企业并购效果的重要指标，目标企业的市盈率低意味着并购的效果可能较好。

（4）具有盈利潜力。由管理不善或其他管理上的可控因素造成营业利润偏低的企业往往成为被并购的对象，因为通过加强管理，企业的盈利即可有很大的改善空间。这对那些拥有专业管理经验和人才的企业尤其有吸引力。

（5）有一定的市场占有率。在特定市场占据一定份额的企业，更容易在市场竞争中生存下来并获得长期的发展。因此，在衡量目标企业的状况时，目标企业的市场占有率是个十分重要的指标。

（6）管理层与职工的态度一致。选择目标企业时，必须考虑目标企业管理人员与职工的态度。如果目标企业管理人员与职工持强烈的不合作态度，则并购成功的可能性很小。即使能够成功并购，并购后也会因内部摩擦达不到预期的效果。

3.权衡并购双方的财务状况

通过对目标企业财务状况的调查，并购企业要了解其资产净值、负债等方面的真实状况，特别是要考察目标企业有无涉诉案件或其他隐患存在。如果并购的目的在于改善并购企业的财务状况，则各种财务影响因素是值得认真考虑的内容；如果并购的目的是改善企业的资本结构，则财务杠杆比率较低的企业可能是合适的目标。

4.考虑目标企业的规模

目标企业的规模，一直是决定并购能否成功的重要因素。出于规模经济、降低成本方面的考虑，并购企业通常设定目标企业规模的下限。通常情况下，并购企业应根据目标企业所经营的业务，来具体地衡量目标企业的规模。

5.兼顾其他相关因素的作用

在并购活动中还有其他一些特定的影响因素，例如，目标企业管理人员的能力，是否拥有证券交易所的上市地位，税收方面是否享受减免优惠等等。如果并购的目的是建立一个庞大的企业集团，则组织结构方面的问题也应在考虑的范围之内。

关键点提示

选择企业并购目标时需要考虑以下几点：

1.结合企业自身的发展战略；2.寻找具有一定特征的企业；3.权衡并购双方的财务状况；4.考虑目标企业的规模；5.兼顾其他相关因素的作用。

2.20 如何评估并购的目标企业

工作场景描述

当并购前要对目标企业的价值进行评估时，可查看。

解读与分析

目标企业的价值，并购企业必须加以估算，应做到胸有成竹，据此与目标企业进行价格协商，或作为讨价还价的参考。

在并购决策上，最难的步骤莫过于以持续经营的观点来估算目标企业的价值。那么，在进行收购或合并时，企业的价值应如何估算呢？有三种可供参考的估算方法——净值法、市场比较法、未来获利还原法。

1.净值法

净值法是企业评价的基本依据。并购企业应委托会计师事务所审查目标企业提供的资产负债表的真实性。审查过的报表上的净值，可反映该企业的基本财务状况，但如果要估算出目标企业的真正价值，则应对各项资产负债做必要整理。

在资产价值的估算上，许多项目应予以注意：若有外币，应注意汇兑产生的损失；若有有价证券，则应注意市价是否低于账面价值；若有应收账款，应比较账龄及标准销售信用期，再计算可能发生的呆账损失，如果可能，最好与客户联络，确定债权的存在性；若有应收票据，应查明到期无法兑现的可能性有多大；若有存货，应由并购企业或由相关人员，鉴定评估其当前市场价值；若有机器设备、厂房、土地的估价，则需要由有专业能力的人员对其进行评估，固定资产的估价一般以专业评估机构的报告为准。

在无形资产方面，目标企业拥有的专利权与商标权的价值，可依市价估算其价值，但并购企业亦可依未来可使用的情况来估算。

2.市场比较法

市场比较法常将股票市场上最近平均实际交易价格作为企业价值的参考。在使用上，一般先找出产品、市场、目前获利能力、未来业绩成长等方面与目标企业类似的上市企业，将这些企业的净利润等各种经营绩效与股价的比率作为参考，计算目标企业大概的市场价值。

除了采用净利润外，并购企业亦可采用每股净值、销售额等来推算。

3.未来获利还原法

在并购时，若并购企业收购目标企业是因注重未来的营运业绩，则并购企业应基于收购后的未来利润同资本之比值确定买价，即并非依靠现在该企业资产价值多少定价，而是基于这些资产未来的增值能力定价。

未来获利还原即预估目标企业未来的现金流量，再以某一折现率将预估的每年现金流入折为现值。如此推算，企业价值即为某年限内，每年现金净流入的现值及预估剩余价值的现值的总和。

对企业未来获利的估算，并购企业可要求目标企业明确地提交相关资料。与此同时，并购企业也可以从其所认知的外部环境（如经济景气变动、市场供求与竞争状况）及收购对象的企业特征（如机械设备耐用程度及生产效率、员工素质）来评估目标企业该项估算的准确性，对其加以修正。

总之，在企业并购中，并购企业应根据自身的目的、打算和目标企业的具体情况，制订相应的目标企业价值的估算方法。

关键点提示

目标企业价值的估算方法有：

1.净值法；2.市场比较法；3.未来获利还原法。

2.21 如何选择企业并购的交易方式

工作场景描述

当已计划实施企业并购，需要确定具体交易方式时，可查看。

解读与分析

并购的交易方式主要表现为兼并目标企业资产收购、股权收购。

1.兼并目标企业

兼并目标企业是并购活动最常见的一种形式，也是比较传统的一种形式。在这种形式下，并购企业的战略是对目标企业的整体吞并。兼并行为结束后，目标企业不再存在而成为并购企业的一部分。并购企业在接收目标企业时，一般将目标企业的整体，包括资产（有形与无形）、债权债务、人员都接收过来，然后按照自己的经营管理方式进行整合。

通常来说，由于实施兼并后，并购企业拥有目标企业的全部产权，因此并购企业一般都会对目标企业实施重大结构调整。目标企业的资产结构主要有三种可能：一是总资产大于负债，二是总资产等于负债，三是总资产小于负债。由于这种并购方式是以资产而不是以股权为基础确定并购价格的，因此，根据受让价格与资产负债的关系，兼并式并购又主要分为总资产并购和负债并购两种形式。

2.资产收购

这种并购形式只获得目标企业的一部分或全部资产。资产除有形资产，即不动产、现金、机械设备、原材料、产成品等资产外，还包括无形资产，如商誉、专利、许可证、商号、商标、版权、商业机密、信息、加工工艺、技术等，除此之外，一般还包括卖方一些具体的租赁权，例如企业在经营中有关土地、建筑、机械设备的租赁以及向政府取得的企业经营所需的一切许可证、批准、授权等。收购后，目标企业可以继续存在经营下去，也可以在其认为合适的阶段停止经营。因为收购方取得的只是目标企业的一些物，物本身是不会承担什么债权债务的，所以在此情况下，并购企业不必担心目标企业的债权债务会带来什么影响，也不必关心目标企业的债务如何，有无负债等。但是并购企业在办理收购之前，须了解所收购的物是否存在抵押或出售限制等情况，如有，就须与目标企业交涉，等目标企业先将抵押或出售限制问题解决了，再谈并购之事。

这种形式的收购，并购企业在与目标企业协商同意后，需要订立一个书面合同。收购完成时，应当及时办理权利变更、登记等相关手续。

3.股权收购

这是当前常见的一种企业并购形式。这种形式是并购企业经由协议或强行收购的方式发出收购要约，取得目标企业一定数量的股票，目标企业照常存续下去，债权债务也不变更，但其股东却发生了变化。因目标企业控制权发生了变化，相应地，经营管理人员、经营目标、经营方向和企业文化等可能会发生变化。收购目标企业股票的结果是取得目标企业的控股权，并购企业成为目标企业的大股东，这样可以直接操纵、控制目标企业的经营和管理。

那么，并购企业需要收购目标企业多少股票才可以达到控制目标企业的目的呢？这要根据目标企业股东人数等具体情况而定，一般取得目标企业30%以上的股票即可控股。在市场经济情况下，上市企业很容易成为目标企业，随时面临着其股票被收购而易主的威胁，这也迫使上市企业现有的股东与经营管理人员更加努力工作，加强防御实力。

总之，在企业并购中，并购企业应根据企业的总体战略和实际情况，选择最适合本企业的交易方式。

关键点提示

企业并购的交易方式有：

1.兼并目标企业；2.资产收购；3.股权收购。

2.22 如何选择企业并购的支付方式

工作场景描述

当已决定实施企业并购，需要确定企业的支付方式时，可查看。

解读与分析

并购支付是实现交易的一个关键环节，关系到并购双方的利益。一般来说，确定了并购交易方式，也就同时确定了支付方式。目前支付方式主要有现金支付、以股票换股票或以股票换资产、承担债权债务等。

1.现金支付

大多数并购都是通过直接支付现金完成的，现金的形式可以是银行汇票、支票、电汇或现金付款证书。现金支付是并购活动中最清楚快捷的一种支付方式，在各种支付方式中最为常见。这主要是因为：第一，现金支付中只涉及目标企业的估价，简单明了；第二，支付金额明确界定，不会发生变化；第三，对并购双方都给予明确的现金流，便于并购双方股东决策；第四，如果现金流问题不大，便于交易尽快完成。

但是，完全使用现金支付会给并购方带来巨大的现金压力，在全球性竞争日益激烈，并购交易金额越来越大的情况下，完全使用现金支付方式完成交易的案例越来越少。一般认为，现金支付适用于小规模企业的并购交易。

2.以股票换股票，以股票换资产

当出现并购方在现金支付上遇到困难，或融资借贷期超过企业规定的借款界限，超过并购方的承受能力等情况时，并购方会转而使用以股票换股票或以股票换资产的支付方式，即并购方向目标企业股东发行股票，由目标企业的股东们将其所持有的目标企业的股票作为对价交付给并购方，并从并购方处取得并购方所发行的股票，或者目标企业的股东将目标企业的资产折算成一定数量的并购方的股份，将该资产交付给并购方并从并购方处取得相应数量的并购方的股票。最后并购方取得了目标企业的股票或资产，成了目标企业的控股股东，目标企业的一些原股东成了并购方的新股东，并购方无须支付任何现金而完成并购。

3.承担债权债务

这种方式一般发生在优势企业兼并劣势企业过程中。劣势企业在经营时负债累累，其负债与其实有资产额基本相等，这时优势企业想要兼并劣势企业，劣势企业也愿意被兼并，往往就会由该优势企业承担该劣势企业的全部债权债务。

在这种方式下，支付价格不是一种明确的价格，而是目标企业债务和整体产权之比。支付也是一种特殊方式的支付，即并购方以代替目标企业向目标企业的原债权人偿还债务（包括实际付出现金）的方式，间接完成向目标企业的支付。

并购的各种支付方式各有特点、利弊。在一般情形下，现金支付是最常见的方式，它为目标企业股东提供了很大的自由选择空间。若目标企业股东不想使自己持有的股份流动，可以选择股票支付方式，承担债权债务则是特殊的支付方式。

关键点提示

企业并购交易中主要的支付方式有：

1.现金支付；2.以股票换股票，以股票换资产；3.承担债权债务。

第3章

企业风险投资操作常见问题

风险投资是指投资人将风险资本投资于新近成立或快速成长的新兴企业（主要是高科技企业），在承担很大风险的基础上，为融资人提供长期股权投资和增值服务，培育企业快速成长，数年后再通过上市、兼并或其他股权转让方式撤出投资，取得高额投资回报的一种投资方式。风险投资的双方共同承担风险，在高风险、高收益的行业中共同经营。吸引风险投资人目光的主要是那些快速增长且有着超额利润的项目。

3.1　如何寻得风险投资项目

工作场景描述

当想要知道从何处获得风险投资项目时，可查看。

解读与分析

对于风险投资家而言，开展具体的投资活动的第一步就是发现合适的投资项目。一般来说，寻找投资项目的途径有以下几种。

1.借助中介机构的推介

在风险投资领域里，活跃着一批专业的中介机构，如投资银行、投资咨询公司、会计师和律师机构等等。它们不仅利用自身的业务职能为风险投资活动服务，还为风险投资机构推介了大量的投资项目。采用该方式的好处是：被推介的风险企业都与相应的中介机构有着较长时期的业务联系，相互熟悉。通过推介机构，风险投资家可以更准确地掌握风险企业的真实情况，从某种程度上降低了因信息不对称而带来的风险。在风险投资家获取的投资机会中，大约有50%是通过这一方式获取的。还有一种以风险投资家直接作为中介人的辛迪加投资方式，即当某风险投资家发现投资机会之后，自己作为投资牵头人，向其他风险投资家推介，让其参与进来，共同投资经营。

2.风险投资家主动寻找投资项目

职业风险投资家们也会主动去寻找那些蕴含着巨大投资潜力的项目。其主要通过以下途径来发掘这些项目。

（1）专业性行业网站。

（2）参加各种风险投资论坛、贸易洽谈会、科技专业学术会等。

（3）与政府有关部门以及高科技园区进行信息交流。

（4）主动宣传，吸引风险企业的注意。

（5）关注科技、商业动态，以寻求潜在的投资机会。

3.风险企业主动寻求风险资本

风险企业主动寻求风险资本一般有三种动机。

①融资的需要。企业的项目颇具增长潜力，急需发展资金，并且能够充分接受风险投资融资方式。

②风险企业不熟悉风险投资的融资程序和风险投资家对风险企业的要求，本着尝试的心态，主动同风险投资家接触。在这一过程中，风险企业并不在乎接触中的挫折，即使失败，其也可以从中掌握融资技巧，增加经验，以便以后正式向风险投资家进行融资时获得成功。

③出于融资需要的同时，风险企业出于对企业长远利益的考虑，希望能在市场网络、行业经验、战略分析、再融资等方面得到风险投资家更有效的服务，往往也会主动选择与自身的业务关联性比较强的风险投资家进行融资。

通过上述方式获取投资项目之后，风险投资家还要对这些项目进行进一步的筛选和评估，论证通过后，才能进行风险投资。

关键点提示

寻找风险投资项目的途径有：

1.借助中介机构的推介；2.风险投资家主动寻找投资项目；3.风险企业主动寻求风险资本。

3.2 如何对风险投资项目进行评价

工作场景描述

当投资于风险企业，要对其经营的项目进行测评时，可查看。

解读与分析

对风险投资家来说，项目评价显得非常重要。风险投资家应尽可能对风险投资项目做出客观、真实、全面的评价。通常对风险企业的项目评价包括技术评价和市场评价两个方面。

1.项目的技术评价

风险投资是一项预期获得高额回报的投资，与对传统企业的投资相比，对高科技企业的投资更容易达到这一目的。因此，高科技企业的技术如何，是否具备风险投资的条件，是风险投资家们所关注的内容。

风险投资对技术的评价主要侧重于四个方面。

（1）技术的独特性。风险投资家希望风险企业的技术具有独特性。一项独具特色的技术，势必会增强技术的进入壁垒，这样产品就能以比较高的价格进入市场，产生较高的销售利润。同时，技术上的独特性，一方面可以减少进入市场的阻力；另一方面，可以延迟同类技术进入市场的时间，从而大大降低市场风险。这样，就可以使生产与销售进入良性循环，即企业不断加大研发投入，不断扩大市场规模，在市场中保持领先的地位。

（2）技术的利润性。风险投资的年回报率最低为25%。技术的利润性不强，会导致风险资本的低效运行，并相对加大风险投资的运行成本。技术的利润性主要由技术的独特性决定。

（3）技术的竞争性。采用的技术一定要比其他技术存在明显的优势，优势越大，该技术的竞争性就越强。内含新技术的产品也要比其他同类产品的竞争性强，新产品的综合指标值应大于采用其他手段改进的同类产品。

（4）技术的拓展性。一种产品在完成其生命周期之前就会出现更新产品。一项技术在第一次使用之后，如果在其他方面还存在再开发的潜力，也就是具有可拓展性能，那么这种技术的价值将会得到大大提升。

2.项目的市场评价

只有满足市场需求的技术才是可行的技术。技术的先进性与其是否拥有市场没有必然的联系，高技术并不一定等于市场需求。因此，考虑技术先进性的同时必须充分评价产品的市场需求。

项目的市场评价主要从以下一些方面进行。

（1）市场进入分析。在充分认识产品现状的基础上，进行严谨、真实的市场需求分析，考虑产品的市场现状如何，产品的市场需求分析如何，市场需求有没有继续增长的潜力。一种产品只有市场容量具有不断扩大的趋势，才能产生足够的利润，才能支撑起一个新创企业的成长，为企业未来的发展创造出可拓展的空间。

（2）目标市场状况。消费者的购买行为是受多种因素影响的，如文化因素、社会因素、心理因素等。企业必须根据这些因素来划分市场，以使产品的市场分析和销售更有针对性。企业需考虑以下问题：什么样的人将成为企业的一般顾客？目标市场的细分状况如何？为何要这样细分市场？每个细分市场现在和未来的盈利状况如何？对产品的了解程度、对产品及厂商的认同程度如何？

（3）产品竞争状况。企业不仅要认清当前的竞争者，还要认清潜在的竞争者，这是企业实现产品持续发展所必须考虑的。企业要考虑好以下问题：谁可能是企业产品的主要竞争者？竞争对手的特点有哪些？竞争对手的目标市场是什么？竞争者的销售渠道、市场策略是什么？企业应对竞争的策略是什么？

（4）行业分析。企业应仔细研究将要进入的行业的情况，得出影响该行业发展的关键性因素，通过对该行业进行描述，找出与本企业关联的内容。企业需考虑以下问题：进入该行业的障碍是什么？所在行业产品的发展程度如何？行业的回报率是多少？该行业的发展预期如何？政府是如何影响该行业的？

总之，风险投资的项目评价是一个多目标、多因素的评价过程，影响因素很多，风险投资者应综合考虑技术和市场的因素，对风险投资项目做出客观、全面的评价。

关键点提示

对风险投资项目进行评价时一般要注重：

1.项目的技术评价；2.项目的市场评价。

3.3　如何与风险企业谈判和签订协议

工作场景描述

当要与风险企业进行谈判和签订相应的协议时，可查看。

解读与分析

风险投资家对项目进行详尽的分析和评估后，如果认为该投资项目具有投资价值，则可以开始和风险企业进行协商、谈判，签订合作协议，最后形成有法律效力的合作文件，作为以后合作的依据。协商、谈判和签订合作协议的重点主要集中在以下三个方面。

1.股权投资的方式

一般来说，在分期投资的早期，项目市场前景不明朗时，风险投资家大都以优先股或可转换企业债券形式参股。而在分期投资的后期，项目市场前景明朗后，风险投资家大都以普通股形式参股。协商、谈判和签订合作协议时，企业必须对参股的形式、股份的分配、技术折股价值的确定、主要管理人员股份的数量、股权激励的办法、董事和监事会席位的分配、总经理的任免、重大资本预算的审核与决定等做出规定。

2.资金的投放与撤回的时机和方式

风险投资的特点是分段投资，风险投资家还需与风险企业协商对项目不同发展阶段进行的增资。此外，风险资本的回收年限、风险投资家出售股权的时机与方式、风险企业股票上市的时机与方式、风险企业无法达到预期财务目标时双方各应承担的风险责任，都应在协商、谈判和签订合作协议时解决。

3.参与经营管理的方式

风险投资家投资的对象是未上市的风险企业，根本不指望靠相对稳定的股息红利进行投资补偿，而是期望风险企业高速成长后，通过出售或转让所持的股份取得高额的资本利得收入。风险投资对投入资金的时间和投入的总量都不加以固定，而是根据企业发展的不同阶段、不同状况灵活处理，因此，风险投资家必须参加风险企业的经营管理。风险投资家至少要派一个人参加董事会，股权占主导地位的风险投资家应派人担任董事长，股权不占主导地位的风险投资家应派人担任副董事长。由于风险企业的资金主要来自风险投资家，风险投资家一般应派人担任财务总监或监事会主席，以便对资金的使用进行监督。

双方经过谈判达成一致后，签署投资协议等法律文件，形成正式的合作合同文本。此后，风险投资家开始分批向风险企业注资，双方的合作正式开始。

关键点提示

协商、谈判和签订合作协议的重点在三个方面：

1.股权投资的方式；2.资金的投放与撤回的时机和方式；3.参与经营管理的方式。

3.4 如何对风险企业进行投资监管

工作场景描述

当实施风险企业投资以后，想了解要对风险企业做哪些管理工作时，可查看。

解读与分析

风险投资家与风险企业正式签署了投资协议，并将风险资本注入风险企业之后，风险投资家对风险企业的投资监管工作正式开始，这是风险投资与传统投资的重要区别之一。

风险投资家对风险企业的投资监管行为不仅体现在对企业的监督和控制上，还体现在为风险企业提供各种适于企业发展的专业服务上。具体来说，在风险投资后的管理时期，风险投资家主要依靠以下三种方式来实现其在此阶段的监管职能。

1.投资协议约束

投资协议是风险投资家对风险企业进行监管的一种方式，它将对风险企业的监管用法律的形式体现出来，对风险企业形成了一种无形的制约。

2.参与企业监管

（1）风险投资家可以借助其在董事会中的席位，获取更多关于企业的信息，及时监督、评价和改善企业的经营状况，行使在投资协议中规定的重大问题否决权。

（2）风险投资家要求风险企业披露相应的信息并进行审核。风险企业要定期向风险投资家提供财务报告和其他重要经营情况的报告。对风险企业提供的报告，风险投资家应不定期责成会计师事务所进行审核。

（3）风险投资家定期与风险企业进行各方面的接触，通过各种方式来不断跟踪企业的经营进展状况，便于及时研究对策。

（4）风险投资家可以从风险企业外部的多种渠道、多个角度来收集关于风险企业的信息。这种方式可控制由风险企业作假、夸大投资潜力、不完全报告经营绩效等因素而带来的风险。

（5）风险投资家可以采用风险资本分段到位的方式，实施对风险企业的控制。

（6）风险投资家应建立对风险企业管理层的激励与约束机制，以完善企业的治理结构，增强企业的发展动力。

3.为企业提供服务

（1）风险投资家可以帮助风险企业进行行业分析，制订行业发展战略，提供行业信息，提供行业发展机会和行业重组机会等，使风险企业在熟悉环境的前提下，尽快发展壮大。

（2）在长期的业务活动中，风险投资家一般都形成了各自特有的综合网络体系。利用这一资源优势，风险投资家可以方便地为风险企业介绍客户资源，提供财务咨询和法律咨询等各种服务。

（3）风险投资家大多具有丰富的企业管理经验和市场经验，有能力帮助风险企业建立起有效的内部管理体系和真正符合市场规律的商业模式，制订风险企业的长期发展战略，帮助风险企业进行人力资源管理，为风险企业物色合适的高级管理人员。

（4）风险投资家在为风险企业提供融资资金的同时，也可通过其他渠道帮助风险企业融资。

总之，风险投资协议生效后，风险投资家要对风险企业进行相应的监管，了解、掌握风险企业的经营行为，确保自身的投资安全。

关键点提示

风险投资家的主要监管方式有：

1.投资协议约束；2.参与企业监管；3.为企业提供服务。

3.5 如何通过上市退出风险资本

工作场景描述

当想通过上市从风险企业中退出风险资本时，可查看。

解读与分析

在将风险企业逐步培育成熟后，风险投资家就要考虑退出的问题了，退出途径不外乎三种：上市、兼并和破产清算。在这三种方式中，要想在相似的环境下实现风险投资收益的最大化，上市无疑是首选方式。在确定了上市的方向后，上市的途径可以分为两种：通过二板市场直接上市和借壳上市。

1.通过二板市场直接上市

二板市场以其自身所固有的优势为中小高科技企业的发展以及风险资本的退出发挥了巨大的作用，尤其是在新经济蓬勃兴起的环境下，这一市场存在着更加明显的上升空间。因此，各国政府都非常重视发展本国的二板市场。我国香港的创业板市场由于在地缘和文化方面最有可能为内地的中小高科技企业提供上市融资的机遇，再加上香港国际金融中心的地位，因此格外令人关注。一项对内地高新技术企业的调查表明，60%的高新技术企业把到香港创业板上市作为第一选择，香港创业板市场对内地风险企业的吸引力主要体现在四个方面：一是内地科技企业主板上市条件较为严格，而在香港创业板上市的条件要宽松得多；二是可通过创业板上市进行股份改制，创业板允许管理层拥有期权；三是可吸引国外的风险投资基金；四是筹集资金既快又便捷。由于在创业板上市的企业规模较小，与主板市场相比，单位成本相对较高，上市费用在1000万元左右。虽然创业板对企业没有规模要求，但考虑上市成本问题，一般会选择注册资金5000万元以上的企业。另外，如果证券企业有足够强的资金实力，企业只要缴纳一定的前期费用即可，待经一系列的法定程序上市成功后，再收取相应的费用。

2.借壳上市

借壳上市是指拥有上市企业控股权的企业或企业集团，通过对上市企业的反向收购或通过对上市企业资产与非上市部分资产进行置换，将自身资产或业务注入上市企业，从而达到间接上市的目的。

通过借壳上市退出风险资本大多借助国内的主板市场，即利用上海证券交易所和深圳证券交易所现有的上市企业的“壳资源”，通过实施资产重组将风险资本拥有的股权出售给上市企业，从而间接实现风险资本退出的目标，同时也满足了一些上市企业更换主业，投资高科技产业的需求。具体来讲，借壳上市方式又可以做如下细分。

（1）风险投资家可以直接或者通过投资的风险企业收购上市企业的“壳资源”，在取得控股权后，再通过资产置换的方式将风险企业或项目资本注入上市企业，达到风险资本退出的目标。

（2）风险投资家可以利用目前上市企业追逐风险投资和高科技主业的热潮，直接将相关股权出售给上市企业或由其设立的风险投资企业，从而使所投资的风险企业实现上市目标。

另外，风险资本通过所投资企业的海外买壳上市实现退出也是一条可选择的途径。

总之，无论选择直接上市还是借壳上市，都要因地制宜，风险企业应当根据自身的具体情况来选择适宜的方案。

关键点提示

风险资本通过上市实现退出的途径有：

1.通过二板市场直接上市；2.借壳上市。

3.6 如何通过并购退出风险资本

工作场景描述

当计划用并购的方式从风险企业中退出风险资本时，可查看。

解读与分析

并购是风险资本退出的另外一种方式，也是相对常用的一种方式，它的运作充满技巧性和灵活性。风险投资家可在时机成熟的时候，通过并购的方式将自己在风险企业中的股份卖出，从而实现风险资本的退出。风险资本通过并购方式退出，可操作的途径如下。

1.次级收购

次级收购也叫“第二期收购”，是指在风险企业发展到一定阶段后，如果风险投资基金存续期到期，或出于某种原因须使收益变现，或风险企业家与风险投资家关系破裂，风险投资家将自己在风险企业中的投资权益转卖给其他风险投资家，从而实现风险资本退出的一种方式。相对于风险投资第一次对风险企业的投入，这一次风险投资的介入便被形象地称为“第二期收购”。次级收购案例数量在风险资本退出案例总数中所占比例不大，一般不足10%。

2.管理者回购（MBO）

管理者回购是指风险企业的管理层，希望能由自己控制整个企业，将风险投资家在企业中的风险资本权益悉数购回的形式。管理者回购是风险投资家退出风险资本的一种重要保证。在一些风险投资协议中，风险投资家往往要求加入管理者回购条款。风险投资以这种方式退出一般包括两层含义：一方面，管理者回购是被动实现的，当风险投资家认为风险资本不可能完全成功地从风险企业退出时，则会要求管理者进行回购；另一方面，当风险企业的发展呈上升态势、前景良好、收益较高时，风险企业的管理者不愿意风险企业的所有权旁落他人，因此主动提出回购风险投资家手中的股本或者积极响应风险投资家提出的管理者回购建议，主动地实现管理者回购。

管理者回购利用的主要是财务杠杆的融资手段，也是杠杆收购的一种形式。管理者本身并没有足够的收购资金，只能拿出收购资金的一小部分，大部分所需资金采取举债融资的方式从金融机构或其他机构吸纳。这种融资方式的成本要相对高一些，将融资者或者企业的部分资产作为抵押，或者牺牲企业的一小部分股权。

对于风险投资家来说，虽然以管理者回购的方式退出风险资本与上市方式相比，获得的回报要小得多，但是，这种方式可以使风险资本快速地从风险企业中退出，具有可操作性强、操作程序简便、运作时间短等特点，使退出的风险资本可以进行新一轮的投入。在比较顺利的情况下，以这种方式退出的风险资本也可以得到几倍的投资回报。

3.企业并购

企业并购是指风险投资家为了退出风险资本，将自己在风险企业中的资本权益卖给其他相关企业或机构的行为。近年来，企业并购的退出方式，在迅速发展的风险投资业中所占的比例越来越大，已经超过了公开上市方式，成为风险投资家退出风险投资的一种主要方式。

在某些情况下，风险投资家可能会同风险企业家一起，将风险企业整体出售给其他企业，这种整体出售行为的结果是风险企业被其他企业所兼并。此时，风险投资家退出了风险资本，获得了投资回报，而风险企业家卖出股份的目的是重新建立新的企业，进行再创业。与其前一次创业不同的是，前一次创业时创业者没有创业资本，需要借助于风险资本的帮助，而再次创业时创业者自己拥有了创业资本。除此之外，在另外一些时候，风险投资家只将自己在风险企业中的权益全部卖给其他企业，但风险企业家仍然保留其在企业中的所有权，这种行为的结果是风险企业被其他企业收购。此时，风险企业作为一个独立的法人实体依然存在，只是企业的大股东由风险投资家变成了其他企业家。

风险投资家选择企业并购的退出方式时，必须深入调查了解收购者的计划、会计准则和相关法律等内外因素，确保以最好的价格，顺利地通过企业并购退出风险投资，获得高额回报。

总之，从实践来看，并购是完成风险资本退出的主要方式。退出以后，风险投资才能重新流动起来，收益才能真正实现，风险投资家才能将资金投向下一个项目，以赚取更多的利润。

关键点提示

通过并购退出风险资本的途径有：

1.次级收购；2.管理者回购；3.企业并购。

3.7 如何以清理企业方式退出风险资本

工作场景描述

当风险投资失败，想从风险企业中退出资本时，可查看。

解读与分析

清理企业就是在风险投资失败的情况下，风险资本从风险企业中退出的一种方式。当风险企业经营不成功，风险投资家确认该企业没有了挽回余地或无法提供预期回报时，通常采用这种方式。当这种结果出现时，风险投资无法得到预期的投资回报或收回投资成本，风险资本的损失已是注定之事。

在清理企业的情况下，风险企业的资产自然会减少很多，其所有资产比在资产负债表中的价格还要低。在多数情况下，风险投资家会同风险企业家达成破产清算协议，清理企业的程序按照协议的步骤逐一实施。如果双方没有达成破产清算协议，则清理企业就要按照相应的破产法律程序来进行了。其主要步骤如下。

1.提出破产申请

当风险企业无力清偿债务时，风险投资家可以向法律机构提出风险企业的破产要求，并提交企业破产申请书以及会计报表、债权债务资料等。

2.破产诉讼的审查和受理

法律机构首先对诉讼进行审查，以确定是否符合受理条件，不符合条件的不予受理。符合条件的，在法律机构受理破产诉讼之后，风险企业其他的民事诉讼都应停止，继续发生的视为无效。

3.召开债权人会议

法律机构组织召开债权人会议，目的是审查有关债权的证明材料，确认债权有无财产担保及其数额；讨论通过有关协议草案；讨论通过破产财产的处理和分配方案。

4.和解和整顿

和解是对诉讼双方所面临问题的调解，整顿是探讨对企业进行最后挽救的可能性。如果在最后阶段，风险投资家与风险企业家认识到风险企业主要是由于债权债务关系或资金关系不畅而导致出现严重亏损，无法偿债的，企业还有潜在的生机，那么，这一步骤也许会对挽救企业产生效果。

5.破产宣告

法律机构在确认风险企业确实具备了破产宣告条件之后，经程序宣告破产。在此之后，风险企业家便失去了对其企业的一切权力，其企业的所有财产由法律机构组织的清算机构接管。

6.进行清算

清算机构按照有关要求对破产后的财产进行处理。清偿的顺序由高到低一般为破产费用、破产企业所欠的职工工资和劳动保险费用、破产企业所欠税款、破产债权等。

7.破产清算程序终结

当债权人的债权通过破产程序的实施得到全部或部分清偿，或者由于某些原因，破产清算程序的继续已经没有意义时，则法律机构裁定破产清算程序结束。

关键点提示

清理企业的程序有：

1.提出破产申请；2.破产诉讼的审查和受理；3.召开债权人会议；4.和解和整顿；5.破产宣告；6.进行清算；7.破产清算程序终结。

3.8 如何认识企业投资面临的系统性风险

工作场景描述

当想了解投资可能遇到的系统性风险时，可查看。

解读与分析

由于对投资风险认识不全面，现有资料不完善以及客观环境多变，人们对未来的事件难以预测得很准确，因而任何投资都有一定的风险。具体地说，企业投资风险是相关的政治、经济、社会、文化、法律等因素在一定时间内发生预期之外的变动，致使经营环境发生变动，从而导致投资者蒙受损失的可能性。

企业投资风险既可指影响企业投资收益的某些事件及其发生的可能性，又可指企业投资的市场收益偏离期望收益的程度及其可能性。

概括起来，其可分为系统性风险和非系统性风险。系统性风险是由全局性事件发生难以预料的变动引起的，是某一投资领域内所有投资者都将共同面临的、影响所有投资对象的风险，是无法回避的风险。系统性风险主要是由政治、经济及社会环境等宏观因素造成的。由于这种风险是所有企业共有的，不会因为多样化投资组合而消失，因此又称为不可分散风险。系统性风险主要包括利率风险、汇率风险、购买力风险、市场风险和政策风险等。

1.利率风险

利率风险是指由于市场利率水平变动而引起投资收益率变动的可能性。这种影响在债券市场上尤为突出。利率上升，投资成本加大，证券投资需求下降，证券价格下降，从而减少证券投资收益率。一般而言，在利率变动幅度相同的情况下，长期投资受到的影响要比短期投资大得多，即长期投资风险要大于短期投资风险。利率水平是影响计算投资收益现值的折现率的重要因素。

2.汇率风险

汇率风险是指因汇率变动而使投资收益率发生变动的可能性。汇率变动会影响企业生产成本和资金成本，从而影响企业产品进出口和资本输入输出情况，引起投资收益率变化。特别是当企业从事跨国投资时，所面临的汇率风险更大。

3.购买力风险

购买力风险又称为通货膨胀风险，是指由于通货膨胀引起购买力的变动，从而引起投资收益率变动的可能性。在通货膨胀时期，投资形成的实物资产和股票金融资产所占用的投资额的实际购买力会下降，从而导致购买力风险。投资名义收益率包括实际收益率和通胀补偿两部分。由于通货膨胀不断变动，投资者无法准确预测未来的通货膨胀率，因而当发生预期不到的通货膨胀时，投资的实际收益就会大于或小于预期收益。其中实物资产和股票金融资产所占用的投资额的购买力风险相对较小，因为这些资产的所有权归所有者，其价值会随通货膨胀而上升，从而冲减部分购买力损失；间接投资形成的债券金融资产占用的投资额的购买力风险相对较大，债券投资属于债权投资，投资者收回的投资额是货币资金，其金额与原投资额相等，所以购买力风险较大。

4.市场风险

市场风险主要是由于经济周期性波动或市场突发事件，使得原来的行情逆转所造成的投资收益率变动的可能性，如战争、经济衰退等因素。在经济繁荣期，企业投资盈利增多；反之，在经济衰退时，企业投资收益减少。

5.政策风险

政府的经济政策和管理措施可能会造成投资收益的损失，这在新兴股市中表现得尤为突出。经济政策的变化，可能会影响到企业利润、债券收益的变化；证券交易政策的变化，会直接影响到证券的价格。

此外，系统性风险还包括由社会因素和政治因素所造成的社会政治风险或国家风险等。

关键点提示

投资面临的系统性风险主要包括：

1.利率风险；2.汇率风险；3.购买力风险；4.市场风险；5.政策风险。

3.9 如何认识企业投资面临的非系统性风险

工作场景描述

当想了解投资可能面临的非系统性风险时，可查看。

解读与分析

非系统性风险源于某些独特事件的发生，这些事件只影响某一特定投资的收益率变动，通常可以通过投资多样化来避免，也被称为可分散风险。

由于这部分风险在总风险中是除了系统性风险之外剩下的那部分偶然发生的风险，所以又被称为剩余风险。在现实经济中，企业投资的形式与特征决定了其会受一些特定风险 因素的影响，而这些因素与其他投资无关，因而，只会造成特定投资收益率波动。企业投资非系统性风险主要有经营风险、财务风险、信用风险和道德风险等。

1.经营风险

经营风险是指由于企业的外部经营环境和条件以及内部经营管理方面发生的失误而使其自身及投资者蒙受损失的可能性。由于企业投资收益最终是要在投资项目的生产经营活动中实现，因而，投资项目投产后的生产经营活动中遇到的风险，对企业投资收益率影响极大。经营风险主要来源于不可抗力、产品技术过时、市场占有率下降、生产资源供给短缺、生产的组织机构设置和管理人员配置不当、信息环境不完善、控制系统不严密等因素。

2.财务风险

财务风险是指由于企业筹资方式而使资本结构发生变动，致使投资收益变动的可能性。企业可以完全利用权益融资或利用权益与负债来融资。若企业全部用权益融资，则企业全部盈余都归于股东；若企业利用权益与负债两者融资，则在盈余分配给股东前，必须先支付利息给债权人，因此会影响股东获利的大小和程度。若企业利用财务杠杆，即利用负债融资，则增大了企业资产负债率，增加了财务风险。

企业的投资来源，无论是自有资金，还是向银行借入资金，发行股票、债券，都应计算资金成本。如果投资收益率高于资金成本，企业就可以获得财务收益，否则企业在财务上将会受到损失。

企业财务状况不佳还可能引起企业违约和破产，使证券投资面临更大损失，即企业投资将有违约风险或破产风险。

3.信用风险

信用风险又称违约风险，是指不能按时向证券持有人支付本息而给投资者造成损失的可能性。信用风险主要出现在债券类投资产品当中，对于股票来说，只有在企业破产的情况下才会出现这种风险。造成信用风险的直接原因是企业财务状况不好，最严重的情况是企业破产。

4.道德风险

道德风险主要指上市企业管理者的道德风险。上市企业的股东和管理者是一种委托-代理关系。管理者和股东追求的目标可能不同，尤其在双方信息不对称的情况下，管理者的行为可能会对股东利益造成损害。

回避非系统性风险的基本因素分析主要包括以下三个方面。

（1）企业所属行业的性质分析。如果某行业正处于其发展阶段的上升期，是国家产业政策要扶植发展的，其技术、生产工艺等是难以模仿的，那么该行业的企业发展潜力就大，所发行证券的投资价值就高。

（2）企业的结构分析，具体包括生产结构、需求结构、商品流通结构、竞争结构和价格结构的分析。

（3）企业的财务分析，主要通过比率分析，判断企业的获利能力、偿债能力及活动能力等。

通过上述三方面的分析，企业便可从众多的企业中选出高品质的证券作为投资对象。

虽然通过分散投资等方法可以化解非系统性风险，但并不是说风险就为零了，这值得企业注意。

关键点提示

企业面临的非系统性风险主要包括：

1.经营风险；2.财务风险；3.信用风险；4.道德风险。

3.10 如何规划企业的投资风险管理

工作场景描述

当为保证投资的实施和收益，需对投资风险管理进行规划时，可查看。

解读与分析

企业投资风险管理是一种保证实施投资，实现投资预期收益，保全企业的资产及其获利能力，使之不受偶然风险影响的管理行为。

面对可能的投资风险，企业并不是无能为力的，有些风险不仅可以识别和测度，而且在投资前和投资实施过程中，完全可以采取相应的措施减少或避免，或对可能发生的风险进行转移。企业从事生产性项目投资和金融性证券投资活动时，在实施时所面临的风险因素有所不同，因此投资风险防范措施也有所差别。

1.投资风险防范的基本内容

（1）保全企业现有资产，使之不致因风险而遭受损失。

（2）保持企业持续、稳定的获利能力，使之不致因风险而大幅度降低。

（3）保证投资过程顺利实施，使之不致因风险而减少投资的预期收益。

（4）当风险发生时，采取有效控制措施，尽量减轻损失。

（5）进行必要的保险，并对未保险的可能风险进行有效监控。

2.投资风险防范策略

（1）风险回避：事先预测风险产生的可能性大小，判断导致其出现的条件和因素，并在实际工作中尽可能地避免。采用有效的风险回避策略可以完全消除某一特定风险，而其他风险控制手段只是通过减少风险产生的概率和损失程度，来减轻风险的潜在影响。风险回避手段在实际应用时要受到一定的限制，因为它往往涉及放弃某种机会，从而相应失去与该机会相联系的利益。

（2）风险抑制：采用各种措施减少风险发生的概率及经济损失程度。风险抑制是投资者在分析风险的基础上，力图维持其原有决策，实施风险对抗的一种积极策略。

（3）风险自留：在不影响大局利益的前提下，对一些无法避免或转移的风险采取现实的态度，即投资者承担下来。这实际上是一种积极的风险控制手段，它会使投资者为承担风险损失而事先做好各种准备工作，修改自己的行为方式，努力将风险损失降到最低程度。

（4）风险集合：在大量同类风险发生的环境下，投资者联合分散风险损失，从而降低防范风险发生的成本。

（5）风险转移：风险承担者通过若干技术和经济手段将风险转移给他人承担。风险转移分为保险转移和非保险转移。保险转移指向保险企业投保，将风险转移给保险企业承担；非保险转移指利用其他途径将风险转移。

3.投资风险防范的具体措施

（1）建立项目风险补偿基金，设立项目建设备用贷款、合同的履约保证金、特别准备金，签订现金流量缺额保证协议。

（2）建立风险预测系统、风险识别系统、风险处理系统、风险评价和反馈系统，实行项目全过程监控，对项目的各个时期制订必要的监督机制，实施动态管理。

①风险识别。对风险因素进行甄别，确定各种可能存在的系统性风险和非系统性风险，密切注意投资各个阶段更替过程中的风险变换，提高对风险客观性和预见性的认识，掌握风险管理的主动权。

②风险估计。对已经识别出来的风险，要进行严格的测度，估计风险发生的可能性和可能造成的损失，并做出系统分析，明确把握投资的风险程度。

（3）签订项目担保协议，对项目进行保险、转包或寻求担保。

（4）利用金融衍生工具进行风险规避，如汇率、利率期权、远期和期货合约等。

不管采用何种方式来规避风险，都要计算其成本，并与项目风险发生时所带来的损失进行比较，以确定所采用的规避方式是否有意义，同时还要考虑具体规避风险方式的可行性、可操作性和有效性，注意避免在运用风险管理工具防范项目风险的过程中产生新的风险。

4.实施投资风险管理的四个步骤

（1）风险预测。为了预防风险的发生，就要对可能发生的风险损失有足够的估计，测量其风险程度的大小，发现潜在的风险和损失，力求减轻、避免或转嫁风险。

（2）风险决策。根据风险投资的特点和规律，采用定量和定性的办法进行科学的决策，提出风险投资的可行性方案，采用处理风险的最佳方案。

（3）实施决策方案。一旦做出正确的决策，企业就要全力以赴地执行，并采取各种有效措施来降低风险，保证方案顺利实施。

（4）方案的成果评价。对风险管理成果的评价，是建立在上述三个步骤正确实施基础之上的。其基本内容是：对诸如风险的预测是否恰当，有无科学的、足够的数据支持，处理风险、选择适当投资项目的对策是否合理，方案是否可行、有效等做出最终评价。

5.投资风险管理应遵循的主要原则

（1）学会分析风险。市场中时刻充满风险，没有风险意识的企业必然在危机袭来时难逃劫难；意识到风险却不会分析、化解的企业，也会逐渐在市场竞争中出局。

（2）善于评估风险，即通过分析，预测风险的破坏程度，做到心中有数，例如贷款回收的程度，资金周期可能会出现的不良循环程度等等。

（3）慎重预防风险。企业一定要采取最佳措施降低风险发生的可能性，例如：对客户进行详细的信用调查；制订周密的收款措施；加强安全保障措施，将当日收益现金及时存入银行；对周围环境进行调查，对可能发生问题的漏洞进行弥补等等。总之，要预防和避免风险的发生。

（4）设法转嫁风险。有一些风险确实是不可避免的，这时如采取购买财产保险、实行平衡投资和组合投资等方式，那么企业就可以合法转嫁风险，分散投资风险，降低风险的危害程度。

化解投资风险是一个企业实力的体现。有了正确的经营思路和良好的业绩，再加上风险的降低和防备措施，企业就可以蓬勃发展，大踏步前进了。

关键点提示

投资风险管理的内涵：

1.投资风险防范的基本内容；2.投资风险防范策略；3.投资风险防范的具体措施；4.实施投资风险管理的四个步骤；5.投资风险管理应遵循的主要原则。

3.11　如何测定企业的投资风险大小

工作场景描述

当投资于某项目，想了解投资风险大小的测定方法时，可查看。

解读与分析

风险是对投资方案未来收益不确定性的一种反映，衡量风险大小通常用标准差分析、敏感性分析、投资收益率变异系数和图示法等方法。

1.标准差分析

标准差的计算公式如下：

$$\sigma^2 = \sum_{i=1}^{n}(r_i - E)^2 \times P_i$$

$$E = \sum_{i=1}^{n} r_i P_i$$

式中，σ为标准差；E为期望投资收益率；P_i为一系列可能性事件发生的概率；r_i为可能性事件发生时的投资收益率。

标准差是一种离散程度的量度。标准差越小，说明概率分布越集中，实际结果越可能接近期望值，达不到期望值的可能性就越小，因此，投资的风险也就越小；反之，则投资风险越大。

这种方法原理简明，计算简单，不仅适用于直接投资，也适用于间接投资的风险分析。需要说明的是：当公式中与r_i相对应的P_i分布不知道或难于估计时，为了便于定量分析，可根据所拥有的信息和经验加以逻辑推理，从主观上规定一个概率分布。

假定某企业投资两个项目，投资比例分别为2/3和1/3，投资后可能发生的风险状态及其概率与相应的投资收益率如表3-1所示。

表3-1 企业投资项目情况

风险状态	1	2
概率	0.4	0.6
投资收益率（%）		
项目1	5	10
项目2	12	4

解：投资风险的各个指标可计算如下。

项目1和项目2的期望投资收益率为：

$$E_1=5\% \times 0.4+10\% \times 0.6=8\%$$

$$E_2=12\% \times 0.4+4\% \times 0.6=7.2\%$$

项目1和项目2的投资风险——方差、标准差为：

$$\sigma_1^2=(5\%-8\%)^2 \times 0.4+(10\%-8\%)^2 \times 0.6=0.0006$$

σ_1=2.45%

σ_2^2=（12%—7.2%）^{2}×0.4+（4%—7.2%）^{2}×0.6=0.0016

σ_2=4%

投资组合的期望投资收益率为：

$$E=2/3\times 8\%+1/3\times 7.2\%=7.73\%$$

再进一步计算它们的协方差和相关系数，可知该投资组合的σ值很小，说明这两个投资项目的组合风险很小，达到预期投资收益的可能性很大。

2.敏感性分析

敏感性分析是指与经济评价指标有关的每一因素的变化对经济评价指标影响程度的分析。当某因素在较小的范围内变化就会影响评价指标的有效性时，则说明这一因素的敏感性强，该因素就可称为敏感性因素。其变化范围越小，则敏感性越强；反之，则说明敏感性弱。运用这一方法进行投资风险分析至少可以使我们得到这样两个信息：一是风险主要来自哪些因素；二是这些因素带来风险的可能性有多大。一般来讲，可接受的敏感性因素的变化范围越小，产生风险的可能性就越大，投资者必须对这种因素给予足够的重视。如果不把这种由不确定性引起的风险列入项目方案的评价分析中去，就会影响方案选择的合理性和可靠性，甚至引起决策失误，导致投资失败。下面的例子说明了敏感性因素概率P有可能带来的风险程度。

假设投资者要求的效益期望值为160万元，对投资项目的预测如下：在需求增长的情况下（P=70%），盈利250万元；在需求下降的情况下（P=30%），亏损20万元。那么，期望值E=250×70%+（−20）×30%=169（万元）。根据计算可知，投资项目可行。但是由于概率是估计值，如果在实际中P发生了变化，则169万元的预期值就很难实现，甚至使该项目成为不可行项目。为此，我们可计算P的允许变化范围。现假设投资者的要求不变，则由效益期望值250P 20×（1−P）−160万元，可得P=67%，可接受变化范围为3%，即当P小于67%时，该项目成为不可行项目。可接受的变化范围很小，说明该项目的投资风险较大。

3.投资收益率变异系数

投资收益率变异系数为投资收益率标准差与投资收益率的期望值之比，可用CV_r表示，计算公式如下：

$$CV_r = \frac{\sigma}{E}$$

投资收益率变异系数用于测定投资风险大小，同方差、标准差的意义一样。投资收益率变异系数越大，投资风险越大；反之，投资收益率变异系数越小，投资风险越小。

在进行多方案比较时，当各方案投资收益率的期望值不同时，应使用变异系数指标来比较投资风险的相对大小；当各方案投资收益率相同时，可以使用方差、标准差或变异系数中的任何一个指标来比较投资风险的大小。

4.图示法

图示法是以图形的方式标示出某一段时期内投资项目收益率的变动，从而直观地反映投资风险大小的方法。在直角坐标系中，若以横坐标表示不同年份（月、季度），纵坐标表示投资收益率，则可以采用条形图、曲线图标示投资收益率的变动；若以横坐标表示投资收益率，纵坐标表示年（月、季度），则可以采用直方图标示投资收益率变动频率。通过对图形的观察，企业可以判断出投资项目的风险程度、风险变动规律。如果以横坐标表示不同投资项目，则可以比较不同项目的风险程度，确定最优投资项目。

测定风险的各种方法都是以风险发生的概率为基础的，可是一旦风险成真，则企业发生损失是百分之百的，而不仅仅是一个概率或比例。

关键点提示

衡量投资风险大小的方法：

1.标准差分析；2.敏感性分析；3.投资场收益率变异系数；4.图示法。

3.12 如何降低项目投资的风险

工作场景描述

当想要降低项目投资风险时，可查看。

解读与分析

由于投资项目的报酬率一般高于资金成本率，因而有较强的吸引力。但如果企业在投资时只考虑高额回报，而忽略了风险的大小，则投资失误的可能性会大大增加，可能因此发生经济损失。因此，企业有必要把风险的防范与控制放在重要的位置来考虑。降低项目投资风险的方法主要有加强风险决策分析、分散风险、处理风险、依靠投资保障等。

1.加强风险决策分析

企业要加强风险决策分析，注重投资收益率和相应风险之间的权衡，以收益风险比为准则，用风险溢价调整折现率，从而选取投资收益风险比最佳的方案。

风险决策分析的原则是在承担既定风险的条件下，尽可能争取高的收益，或在取得同样收益的情况下，尽可能承担小的风险。

2.分散风险

无论选择什么样的投资方案，投资风险分析多么完备，风险总是客观存在的，无法完全避免。针对这种情况，采用适当的方法分散投资风险，才能保证投资的预期收益。

（1）投资区域的分散。企业可利用区域经济资源优势不同、经济发展的不平衡、投资政策差距大的特点分散投资，达到分散风险的目的。进行国际投资的企业可以利用各国经济波动的“空隙”和政策差别，将资金投向不同的国家和地区，平衡不同经济条件下的风险损失，这不但可以平衡损益，还可以降低资源供给中断的风险。

（2）投资行业的分散。在经济波动中，各行业繁荣与萧条交替进行，如果投资者将投资集中于某一行业，一旦该行业出现不景气，就会遭受惨重的损失。所以，企业应尽可能将资金投向不同的行业，通过多元化投资来降低投资风险。

（3）投资单位的分散。企业在参股其他企业或投资下属单位时，投资应适度。企业将资金分散投向各个单位，不仅可以稳定收益，而且可以降低风险。

（4）投资时间的分散。企业应注意投资规模扩张的节奏，尽量避免在同一时期内实施多个投资项目，以便平衡财务风险，避免因财务状况不佳造成违约风险和倒闭风险。

3.处理风险

（1）回避风险——这是最彻底的处理方法。如果投资项目的风险太大，企业难以承受，就应该加以回避。

（2）减少风险——许多风险是无法回避的，企业只能设法减少风险。如果企业总是采用回避的方法，将会阻碍企业的发展壮大。

（3）接受风险——风险和收益相伴而生，当某种风险不能避免或冒该风险有可能获得较大收益时，企业可自愿保留并承担风险。当处理风险的成本大于承担该风险所需付出的代价，或预计企业可以安全地承担风险造成的最大损失，或企业面临的风险无法转移，也没有适当的处理方法，或有自我保险基金等情况下，企业把风险接受下来，也是必要的。

（4）转移风险——把投资风险有效地转嫁出去也不失为处理风险的好方法。风险转移的方法很多，可以横向转移、纵向转移或混合转移。比如，企业可转移给投资合作伙伴，根据生产协作关系向前或向后转移给协作方，向保险企业投保，寻求担保企业保证等。

4.寻求投资保障

为企业投资提供外部保障的主体如下。

（1）咨询机构。企业在投资决策时，可以就有关投资事项向投资银行、投资咨询公司等咨询机构进行咨询或聘请投资顾问，为企业投资提供事前保障。

（2）保险公司。企业可向保险公司投保，在风险发生时可以从保险公司得到全部赔偿或部分经济补偿，为企业投资提供经济保障。

（3）担保企业。由担保企业保证，在风险发生时可以由担保企业承担全部或部分经济损失，为企业投资提供信誉与财务保障。

（4）政府。企业可利用各项保护投资的政策法规等行政手段和法律手段，为企业投资提供行政或法律保障。

（5）社会团体。企业可通过行业协会、企业团体组织以及舆论工具，对侵犯企业投资的各种非法行为进行曝光和监督，为企业投资提供道义上和舆论上的保障。

企业投资风险管理意识的确立是防范投资风险的重要前提，但投资风险管理意识的落实，必须体现在投资风险管理过程中。

关键点提示

降低项目投资风险的方法主要有：

1.加强风险决策分析；2.分散风险；3.处理风险；4.寻求投资保障。

3.13　如何规避证券投资的风险

工作场景描述

当要了解如何规避证券投资所产生的风险时，可查看。

解读与分析

证券投资是一种高收益、高风险的金融活动，对于一个理智的投资者来说，在追求丰厚投资报酬的同时，必须重视投资风险，采取有效的防范手段与及时的控制措施减少风险损失。然而，对证券投资风险采取防范措施，并不是完全拒绝风险，而是要控制风险。这就要求企业根据收益目标及承担风险的能力，确定投资目标的风险值，并寻求在收益一定的条件下使风险尽可能变小，或者在风险一定的条件下使收益尽可能提高的投资策略。

证券投资风险的管理，主要包括两个层次的内容：在投资行为发生之前，要进行风险分析，做好风险的防范工作；当有损失发生时，应该正确减小损失，将风险带来的损失控制在最低限度内。

（1）参照证券信用等级，选定投资品种。证券信用等级是对证券发行者的信誉及其证券的质量进行评估后的综合表述，是对信用风险的计量。评定证券信用等级的目的并不是向投资者明确是否应购买、抛售或持有一种证券，其只是证券评级机构根据市场公开资料，或从其认为可靠的其他途径获得的资料做出的客观评价。即使AAA级的证券，也并不一定是最佳的投资对象，因为其市场价格除受自身质量的影响外，还要受证券市场供求关系和许多其他因素的影响。因此，投资者应正确地看待和使用证券信用等级。

（2）利用证券组合分散投资。由于各种证券发行单位的情况不同，因此各种证券的风险收益情况是有差异的。建立投资组合，就是通过选择多个投资对象，按照一定的比例投资，从而降低、抵消不同个股的非系统性风险，一方面利用预期收益较高的证券提高投资报酬率，另一方面，利用各种证券风险因素的相互抵消作用来降低投资风险，这就是所谓不要把鸡蛋放在一个篮子里的投资策略。证券组合分散投资可以通过下列方法实施。

①投资行业的多样化。在证券组合中，投资行业的多样化可以说是最为重要的。一般来说，如果行业之间的联系比较紧密，则企业股票之间的相关性强，如：汽车制造业与冶金工业、橡胶业，建筑行业与玻璃制造业。此外，同一行业板块股票之间具有联动效应，所以企业在进行股票投资时，最好挑选相关性弱、受经济变动影响差别大的行业进行匹配。

②股票价位的多样化。一般来说，股票价格在20元以上的称为高价股，10元以下的为低价股，价格在10～20元之间的则为中价股。高价股的业绩一般比较好，成长潜力大，风险小，但收益也小；低价股则一般业绩比较差，投机性较强，风险大，收益也大。因此，投资者可选择一些绩优高价股做中长线投资，同时购买一些比较活跃的中低价股做短线投资。

③投资地区的多样化。投资地区多样化是指以省为单位，投资不同地区板块的股票。投资地区多样化对分散风险所起的作用一般不容易被看到，但绝对不能忽视，特别

是当某一地区发生比较大的自然灾害时，该地区所有企业都可能受到影响，此时投资地区的多样化就显得非常重要了。

（3）风险防范中的时间策略。

①投资时机的选择。投资时机是指投资者进入投资市场的时间与抛售股票的时间，其中又以进入投资市场的时间更为重要。当市场价格低于其本身的价值时，是投资者购买股票的机会；当市场价格高于其本身的价值时，则是抛售股票的时机。

②持股时间的长短。持股时间是指投资者从购买股票到出售股票的整个时间间隔。持股时间的长短是影响收益的重要因素。根据投资期限的长短，股票投资分为短期投资、中期投资与长期投资。一般来说，对于发展潜力较大的绩优股，宜采用长期投资，这样可以获得较为丰厚的投资回报；对于某些比较活跃但价格波动较大的个别股票，则应采用短期投资，这样能保证资金较好的流动性。

（4）股票性质的多样化。热门股是被市场所追捧的股票，风险不会太大，但当其被市场认定为热门股时，已有不小的涨幅，故上涨的空间不会太大；投资潜力股的收益是丰厚的；活跃股的价格波动幅度较大，因而风险大，如果多方和空方较量的结果是多方获胜，则收益是很高的。

（5）运用金融衍生工具选择恰当的交易策略。金融衍生工具是从利率或债务、外汇或汇率以及股票或股价指数等现货市场商品衍生出来的商品，主要有期货、期权和掉期三种类型。企业金融性投资可以综合运用这些金融工具，提高投资收益，尽可能降低投资风险。常用的方法是运用股票期权、股票指数期货等进行套期保值交易。

（6）预测市场行情，量力而行。企业在投资决策之前，必须尽可能多地收集各种证券信息，运用成熟的技术分析方法，根据证券价格和交易量的变动趋势及两者之间的联系，对市场行情做出预测，以避免损失。同时，投资者要衡量自己承担风险的能力，确定最大可承受风险目标，以免造成过度损失，甚至破产。投资者应量力而行，根据自己的资金实力买进和卖出证券，这样做虽然不能获取暴利，但也能避免惨重的损失。

（7）关注宏观经济运行状况，防范系统性风险。投资者应密切关注宏观经济运行状况，研究判断证券市场的大致走向，防范市场风险、利率和通货膨胀变动风险。投资者要做好利率预测。如果投资者预测利率上升，就应卖出长期证券，买进短期证券，等到将来利率上升后再购进长期证券。反之，如果投资者预测利率将下跌，则应买进长期证券，以便在将来利率下跌后卖出，赚取差价收入。

通货膨胀风险会使投资者在其持有的证券价格持续上升的情况下受到损失，投资者要想防范通货膨胀风险，就必须十分准确地计算出证券的名义投资收益率和实际投资收益率。只有通过实际投资收益率这一数据，投资者才能正确判断出应投资何种证券方可免受通货膨胀的损失。

（8）风险防范中的资金运用。

①资金运用的原则。对于资金的运用，要严格遵循一个原则，即“大钱分散，小钱集中”的原则。在风险程度相同的条件下，投入的本金越大，则可能带来的损失越大；本金越小，风险越小，从而收益也越小。如果投资者投资的金额比较大，则可以采用分散投资策略来规避风险，但如果投资者的本金很少，则应集中投资一种证券。

②资金的合理运用。资金的运用主要体现在两个方面：一方面是不同投资对象之间所形成的投资结构；另一方面则是持仓比例的问题，即投资者手中所持货币与所持股票价值的比例关系。当股市处于上升阶段时，持仓比例应该增大；当股市处于下跌行情时，持币比例应该增大。这是因为当股市上涨时，股票升值，货币相对贬值，投资者应该增加股票的持有比例，减少现金的持有比例；反之，股市下跌时，股票贬值，货币升值，投资者应该卖出股票，增加持币比例。在这个原则的指导下，投资者可根据市场的变化灵活掌握持仓比例。

在股票投资中，投资者可以运用一切可行的办法有效地防范风险，但不可能完全避免风险。一旦风险无法避免，发生损失时，如何将损失控制在最低限度内，就显得至关重要。

控制风险是通过止损来实现的。所谓止损，是指当损失发生时，及时采取措施，将损失限定在一定的范围之内。通俗地说，止损就是我们所讲的“割肉”，但止损又不完全等同于“割肉”，而是及时地“割肉”。损失应该有一个合理的限度，否则投资者的本金就有可能都赔掉。这个合理的损失限度应视不同的情况来确定：如果损失达到一定程度时足以证明投资者的投资决策是错误的，那么这时无论损失多么大，都应该果断退场，不要一错再错，造成更大的损失；如果投资者的投资决策是正确的，但由于不可避免的风险造成了损失，这时损失的限度可以适当放宽，当损失直接威胁本金的收回时，要果断止损。

关键点提示

证券投资风险的防范：

1.参照证券信用等级，选定投资品种；2.利用证券组合分散投资；3.风险防范中的时间策略；4.股票性质的多样化；5.运用金融衍生工具选择恰当的交易策略；6.预测市场行情，量力而行；7.关注宏观经济运行状况，防范系统性风险；8.风险防范中的资金运用。

3.14　如何控制并购风险

工作场景描述

当要了解如何规避并购所产生的风险时，可查看。

解读与分析

企业并购作为企业间的一项产权交易活动，在资本市场上日益活跃。它是一项高风险经济活动，其风险贯穿于并购活动的各个阶段。

1.企业并购活动中的风险分析

（1）目标企业的信息。目标企业价值评估风险的大小取决于并购企业所用信息的质量。并购企业如果能够收集到真实准确的信息资料，全面地了解和分析目标企业的情况，就可以大大提高并购行为的成功率，减少风险。但是，在并购中，尤其是在敌意收购时，目标企业绝不会无动于衷，而是会千方百计地严守自己的商业秘密或提供虚假的信息，导致并购企业在对目标企业的价值进行评估时出现严重误差。

（2）宏观经济的变动。宏观经济的变动主要来自两个方面：政策的变动和消费倾向的变动。如果经济持续健康发展，国家政策也较为稳定，企业并购活动频繁，随之而来的市场风险也会由于国家政策的稳定而相对减少。反之，如果国家政策发生变动，企业对社会经济状况把握不准，那么势必会影响企业并购的实施，这不仅会加大并购企业的市场风险，甚至还会导致企业并购的失败。同时，企业要想长久地保持其产品的竞争优势，还必须时刻关注消费者消费倾向的变动，消费倾向的变动直接影响企业所面对的市场。

（3）产业结构的变动。产业结构随着社会生产力的发展而不断演变，产业的生命周期决定了企业所处的某一特定产业是不断变化的。企业若不能准确地把握产业结构及产业生命周期的演变规律，则被市场的发展演变淘汰是在所难免的。目前已有不少企业采取跨行业并购的方式进行企业产业结构的调整，在这种情况下，企业更需要熟知产业结构变动的规律，在选择目标企业时应了解不同产业的发展水平和盈利空间，并对产业结构的变动做出预测和防范，否则就可能产生并购风险。

（4）市场需求的变动。随着科学技术的高速发展，新技术、新产品层出不穷，众多替代品的出现，使原有的需求转向替代品。替代品设置了行业中企业可谋取利润的定价上限，从而限制了一个行业的潜在收益。替代品所提供的价格、性能选择机会越有吸引力，行业利润就越少，这使得并购企业的产品销售受到一定程度的冲击。另一方面，需求市场状况的不断变化也使企业的市场需求预测带有一定的不确定性。

（5）竞争环境的变动。在一个竞争非常激烈，资产专用性很强，撤退成本很高的行业内，企业面临的风险很大，竞争也会不断升级。如果业内企业不能有效地在产品差别、销售渠道、技术的独特性以及成本等方面设置障碍来阻止潜在进入者，那么潜在进入者就会以其雄厚的资金实力和较强的生产能力闯进该行业，此时的竞争就会变得异常激烈，使得竞争者的加入与退出日趋频繁。这样很容易导致无序竞争和非市场性竞争，使得该行业的平均利润率和稳定的投资回报受到影响，企业面对的不确定风险就会加大。

（6）要素市场的变动。国内要素市场的资源可供量、价格变化以及国际要素市场的变化均会在一定程度上影响并购企业的生产成本，从而导致并购企业收益的不确定性，进而带来巨大的市场风险。企业并购前后的要素市场不可能是固定不变的，并购之后企业的资金、劳动力、技术及一些有形的基础设施等通过重新调整都会有一些变动。

（7）融资风险。企业并购时的融资分为内部融资和外部融资两种。内部融资的资金来源包括企业自有资金和企业应付而未付的各种款项。企业内部融资所产生的风险是可能会减少企业内部的资金存量，或者增加负债水平。外部融资的风险表现在以下两个方面。

①银行贷款融资风险。企业会在很大程度上受到银行的制约，影响正常经营。另外，为了取得银行贷款，企业可能要付出资产的抵押权，从而产生隐性的融资成本。有时银行还要求企业提供担保人，这就会增加许多融资费用的支出。

②证券市场融资风险。证券市场融资有股票融资和债券融资，其中股票融资中的普通股融资风险最大，其主要特点如下。

a. 它分散了企业的控制权。

b. 给税收方面带来不利。由于支付给债权人的利息可在税前扣除，而付给股东的股利须在税后支付，因而企业采用普通股融资获得的资金越多，其缴纳的所得税就越多。

c. 承销费用增加。由于普通股融资的审查成本较高且普通股的定价通常较债券或优先股低，因而普通股的承销费用一般较高。

d. 过多的普通股融资会使企业无法形成平均资金成本最低的最佳资本结构。

（8）偿债风险。由于收购后目标企业未来的现金流量具有不确定性，杠杆收购后必须实现很高的回报率才能使收购者获利，否则，并购企业可能会因资本结构恶化、负债比例过高、不能支付到期利息而破产倒闭，因此，杠杆收购后的偿债风险在很大程度上取决于整合后的目标企业是否有稳定足额的现金流量。

（9）反并购风险。通常情况下，目标企业对他方的并购行为往往持不欢迎或不合作态度，特别是在面临敌意收购时，可能会不惜一切代价组织反并购。如果并购中对目标企业的处理不当，就有可能产生反并购的风险。一般来说，目标企业会采用的反并购手段有两种，一是经济手段，二是法律手段。目标企业采用经济手段的目的是破坏并购企业的经营管理，提高并购风险，甚至使其破产倒闭，具体措施如下。

①提高并购企业的并购成本。目标企业通过提高资产评估价来抬高并购价，抑制并购企业的并购动机。

②进行股份回购。目标企业将可用的现金分配给股东，用以购回股票，或者通过换

股来回购股份，即通过发行企业债券、特别股或其组合的形式来回收股票，从而减少在外流通股数，抬高股价。

③寻找善意并购者。选择与其关系密切的有实力的企业，以更优惠的条件达成善意并购。

④采用“金降落伞”和“银降落伞”的策略。目标企业与并购企业达成补偿协议，要求目标企业在被并购的情况下，高级管理人员和普通员工无论主动还是被动离开企业，都可以领到一笔巨额补偿费。

⑤实施“毒丸计划”，例如“负债毒丸计划”和“人员毒丸计划”。目标企业在受到并购威胁下，大量增加自身负债，降低企业被并购的吸引力。或者企业的绝大部分高级管理人员共同签署协议，约定在企业被以不公平价格并购且这些人中有一人在并购后被降职或革职时，全部管理人员和员工集体辞职。

⑥采取“焦土战术”。一是将企业中引起并购企业兴趣的资产出售，使并购企业的意图难以实现；二是增加大量与经营无关的资产，大大提高企业负债，使并购企业因考虑并购后严重的负债问题而放弃并购。

⑦并购并购者。目标企业威胁进行反并购，开始购买并购者的普通股，以达到保卫自己的目的。

⑧目标企业采取诉讼策略，即通过法律手段逼迫并购企业提高并购价格，以免被起诉，避免并购企业先发制人。提起诉讼，延缓并购时间，以便寻找善意并购者，在心理上也能重振目标企业管理层的士气。它往往是请求法院禁止并购继续进行，给自己采取有效的措施，进一步抵御被并购赢得时间。这样，不论诉讼成功与否，都可以为目标企业争取时间。

2.企业并购的风险防范措施

（1）充分了解相关市场信息和法律法规，改善信息不对称状况，采用恰当的资产评估方法合理确定目标企业的价值，降低信息风险。在并购前对目标企业进行详尽的审查和评价，尽可能充分掌握目标企业的资产规模、资产负债结构、技术状况、产品状况、行业发展前景、盈利能力、员工素质及结构、市场状况及商业信誉等情况。并购企业可根据并购动机，并购后目标企业是否继续存在以及资料信息的掌握程度等因素采用合适的评估方法。

（2）在时间上和数量上保证并购资金的取得，降低融资风险。融资风险与并购企业采用的支付方式有关，因此，采用合理的支付方式能有效降低融资风险。并购的支付方式有现金支付、股票支付和混合支付三种，其中现金支付的资金筹集压力最大。并购企业可以结合自身能获得的流动性资源、每股权益的稀释、估价的不确定性、股权结构的变动、目标企业的税收等情况，对并购支付方式进行结构设计，将支付方式安排成现金、债务与股权方式的各种组合，以满足并购双方需要。

（3）增强杠杆收购中目标企业未来现金流量的稳定性，降低杠杆收购的偿债风险。杠杆收购的特征决定了偿还债务的主要资金来源是目标企业整合后的现金流量。为降低杠杆收购的偿债风险，首先，并购企业必须选择理想的目标企业。一般而言，目标企业必须经营风险小，产品有较为稳固的需求，市场发展较好，这样才能保证并购以后有稳定的现金流来源。此外，目标企业良好的经营状况和企业价值被市场低估，是并购企业不惜承担风险的动力，也是决定杠杆收购后摆脱债务风险的主要因素。其次，并购前并购企业与目标企业的长期债务都不宜过多，这样才能保证预期较稳定的现金流量能够支付经常性的利息支出。最后，并购企业最好在日常经营中能提取一定的现金作为偿债基金，以应对债务高峰时的现金需要，避免出现技术性破产而导致杠杆收购的失败。

（4）防范目标企业的反并购策略，降低反并购风险。对于设置“毒丸”的目标企业，敌意的并购企业要采用对策“解毒”，防止“毒丸”给并购企业带来财务困难。例如，对于设置“翻入毒丸”的目标企业（赋予股东以很大的折扣购买本企业股票的权利，这种折扣通常高达市场价格的50%），并购企业可以先将股票积聚到一定水平，然后发动征求股东委托书之战；对于设置“翻越毒丸”的目标企业（当一家企业收购了相当数量的目标企业的股份时，则赋予目标企业股东以很大的折扣购买并购企业股票的权利），并购企业可以发行优先股并把它置于董事会成员手中，这样做可避免在目标企业实施“翻越毒丸”的时候股东权益淡化；对于目标企业采取的“焦土战术”，并购企业要做一些预期准备，比如：间接购买目标企业可能出售的资产，并且剥离非经营性资产，淘汰无效设备，公开发布信息，声明将为目标企业拨入启动资金或开办费以及为新企业打开市场增加市场调研费、广告费、网络设置费等，以此换取目标企业的信任，防御“焦土战术”。此外，要合理利用人力资源，如派遣人员进驻目标企业，建立新的董事会和领导班子，安置原有领导班子和富余人员，从思想上感化目标企业的职员，以真诚的行动激励他们，使他们受到同等对待而没有谁歧视谁的问题，这能够有效地对付“金降落伞”和“银降落伞”策略。

3.建立市场风险预警系统

市场风险预警系统是指根据法令和风险管理原则，通过对企业内外信息进行综合处理和预测推断，掌握征兆信息，对并购企业的并购市场风险进行预先警报，或采取必要的措施指导并购企业尽快予以改善，以使企业超前行动，防患于未然。

（1）最为关键的是建立预警信息系统。其由内部信息系统和外部信息系统组成。内部信息系统储存有企业生产经营，特别是并购企业内部的生产信息。外部信息包括：①政策法规信息，如产业政策、技术政策、经济技术法规等；②市场信息，可分为消费者信息和生产者信息。其中，消费者信息包括消费者的收入、支出情况和需求变动情况等信息。生产者信息主要是竞争对手的产量、价格、质量、成本、地理位置及交通运输条件等信息。

（2）建立信息推断系统，对所获得的信息进行分类、整理、辨伪、预测和推断，为提出预警信息做准备。

（3）建立预警指标体系，可分为基本指标和征兆指标。

（4）建立预警判断系统，即根据预警指标体系中的信息决定是否发出警报以及以什么方式发出何种程度的警报。

（5）建立风险防范对策系统，可建立防范方案与对策库，一旦出现风险警报，即可据此提出有效的防范措施与对策。

（6）建立自动更新系统，即自动更新信息，更新或补充对策库，使信息系统保持应有的活力和有效性。

总而言之，市场风险预警系统是一个完整的系统工程，它为并购企业防范市场风险提供完善和全面的决策依据，也为各种监控提供了手段和工具。

凡事预则立，不预则废。这种思想在企业并购中也是具有相当强的积极意义的。

关键点提示

为控制并购风险，企业需要注意以下内容：

1.企业并购活动中的风险分析；2.企业并购的风险防范措施；3.建立市场风险预警系统。

3.15　如何防范风险投资的风险

工作场景描述

当要了解如何规避风险投资所产生的风险时，可查看。

解读与分析

风险投资高风险的特点决定了其失败率极高。要想确保投资资本的效益，企业就必须尽可能合理地选择风险管理技术和手段，制订好风险管理总体方案和行动措施，有效地遏制巨大的信息不对称状况，并提供技术创新所必需的管理机制，以控制和消除存在于风险投资中的各种风险。

1.风险资本投入之前的风险防范措施

风险资本投入之前的风险主要来自事前信息不对称以及由此产生的逆向选择风险。逆向选择是指掌握信息的一方会做出不利于没有掌握信息一方的决策安排。比如，一个长期患病的人会选择医疗保险或生命类的保险，这种行为会给保险公司带来偿付风险，使其不得不提高保费。因此，这一时期风险防范措施的形成应建立在如何保证企业尽可能多地得到来自风险分析家和风险企业完整的、准确的信息上。为此，企业可以采取如下手段。

（1）借助商业计划书。企业通过商业计划书可以发现一些问题，比如，通过商业计划书的包装是否整洁、格式是否规范，可以判断对方的思维和工作态度是否严谨；商业计划书中对风险企业管理层的描述，可以作为全面了解企业管理层的基础；通过商业计划书中对风险企业主要项目的介绍，可以了解一些风险企业的创业经历和发展情况等等。当然，企业还要通过与有关人员的交流来验证商业计划书中信息的真实性和可靠性。如果商业计划书的内容与实际交流的结果存在较大的反差，那么投资项目的风险显然就比较大。

（2）借助中介机构推介。鉴于企业在选择风险企业的过程中可能无法获取对方更多信息这一问题的存在，企业可以通过一些中介机构和关联机构的推介来筛选拟投资的风险企业，比如风险投资顾问、投资银行、会计师和律师事务所、孵化器以及一些业务合作伙伴和朋友等等。这样，这些中介机构替代企业完成了获取风险企业信息的部分工作，在一定程度上改善了企业面临的信息不对称状况。

（3）依靠专业队伍评估。为了解决可能由企业对专业技术、财务、法律等的不了解所产生的问题，风险投资机构一般可以在内部建立专业技术评审委员会，聘请相应领域的专家，为项目把脉并辅助决策，还可以聘请正规的会计师机构对企业进行审计，聘请律师机构审核法律程序。这些措施都可以保证企业获得信息的真实性和合法性。

（4）采取辛迪加投资方式。辛迪加投资方式是一种联合投资方式。联合投资的目的在于一些项目所需要的风险资本额度比较大，某一家风险投资机构独立投资则风险过大，多家合作可以分担风险。另外，某一个项目如果被多个企业共同认可，则可能会有更大的成功率。

（5）采取投资组合方式。企业为了回避可能出现的投资风险，可将一项投资基金分别投到相互独立的不同的投资项目上去，这样即使在某些项目上投资失败，另一些项目投资成功也会完全或部分弥补失败项目的损失。

（6）采取分段投资方式。企业可以根据风险企业的发展特点，将对风险企业的投资分不同的时间段注入风险企业（包含种子阶段、创立阶段、扩展阶段、成熟阶段、衰退阶级）。这种在不同时期以不同额度陆续投入风险资本的模式能够达到减少损失、回避风险的效果。风险投资的成功在很大程度上取决于及早终止失败项目和对成功项目的适时增资。

（7）采取专业化投资方式。风险投资的专业化有两层含义：第一，投资行业的专业化，企业可以选择自己比较擅长的行业进行投资，一般情况下不对自己不熟悉的行业进行投资；第二，投资地区的专业化，即企业经常性地针对某一个地区进行投资。长期针对某一行业和地区进行固定的投资，可以形成一种良性循环，这种良性循环体现出了长期的投资积累了对某一行业和地区的信息优势，从而可以凭借信息优势来抵御风险。

（8）确定风险选择原则。企业通过研究风险企业所面临的风险种类及数量，确定风险企业未来风险的大小，从而做出是否投资的决策。一般情况下，如果风险企业所面对的主要风险超过两个，那么就不应该投资该企业，否则将大大增加投资的风险。另外，在风险和收益相同的情况下，企业应该更青睐于市场规模更大的风险企业。

2.风险资本投入之后的风险防范措施

（1）利用双方认可的投资契约防范风险。投资契约是对投融资双方的一种约束协议，双方必须按照协议的内容履行各自的义务并承担相应的责任。企业可以在协议中通过对投资形式、投资工具、退出安排以及对风险企业的制度要求等条款的设计，来降低双方信息不对称的程度，将企业所承担的风险部分转移到风险企业身上，以激励风险企业与本企业同舟共济，实现共同的目标。一套有效而完备的投资契约，有助于减少道德风险的产生，削弱风险企业对风险投资机构利益的损害。

①激励与约束机制的要求。在投资契约中，可要求风险企业在所有者和经营者之间建立起有效的激励与约束机制，使二者所追求的目标尽可能地保持一致。这能在很大程度上避免经营者过分追逐风险、不遵循机构本身的投资策略和既定方针、给自己订立过高的报酬以及一些关联交易等问题的发生，使经营者控制自己的行为。

②股权安排的要求。风险资本对风险企业的权益投资可以采用不同于普通股的优先股形式。而且，企业为了具有更大的灵活性，还可以进一步采取可转换优先股的形式。企业在投资契约中明确这样的股权安排，势必会激励企业经营者努力将企业带入成功的发展轨道。

③表决权的要求。企业可以在投资契约中针对表决权制订附加条款，即不仅允许优先股具有像普通股一样的表决权，而且允许优先股附加超额投票权或者重大问题否决权。这一制度安排保证了企业不管以何种金融工具结构投资都能对风险企业拥有足够的控制权。

（2）通过参与风险投资后的管理来防范风险。为应对风险企业本身所面临的技术风险、市场风险和管理风险，企业能采取的唯一手段就是参与风险企业的管理，参与方式是在风险企业董事会中占有席位以及向风险企业监事会派出财务监事，随时对风险企业的经营情况、财务状况和管理层素质进行监督和评定，审核风险企业的财务报表是否存在问题以及如何调整，并在管理层不遵循契约规定或经营出现偏差时向风险企业提出意见，或者帮助其寻找新的接替者。这样，企业便可以监督和控制风险企业的重大决策。

目前，风险投资在我国蓬勃发展，尤其是高科技成长型企业，正成为国民经济发展的新亮点。相应地，为这些企业的成长与发展提供风险投资，为其构建“孵化器”，便成为关键。风险投资企业如果能恰当地识别、实施、管理好风险投资，不仅能取得丰厚的回报，还能从客观上更好地促进风险行业的发展。

关键点提示

对风险投资的风险进行防范时应注意：

1.风险资本投入之前的风险防范措施；2.风险资本投入之后的风险防范措施。

第4章

企业融资考量常见问题

资金是企业经营、发展、壮大等一系列经济活动的原始推动力和必要条件。企业的融资动机源于企业对资金的需求。同时，融资也是一把双刃剑，在为企业带来巨大收益的同时，也会带来诸多的潜在风险。企业进行融资时，必须运用各种科学方法和手段，比较各种融资成本，识别各种融资风险，进而做出科学、合理的融资决策。

4.1　如何分析企业融资的需求

工作场景描述

当要分析影响企业融资需求的各种因素时，可查看。

解读与分析

企业的融资动机源于企业对资金的需求，因此分析融资的需求，就是分析企业的资金需求，融资需求是资金需求的延伸和表现。决定企业资金需求的因素如下。

1.企业的投资规模

企业的资金需求与企业的投资规模成正比。一般而言，企业投资规模大小决定了对资金需求的程度，进而决定了融资需求的迫切程度。因此，投资规模在一定程度上与融资需求具有配比性。

2.利率

利率是利息与本金的比值，是资金价格的表现形式，也是资金的使用成本。利率是影响融资成本的重要因素之一。在市场经济条件下，利率是由市场供求状况决定的，同时，它也是国家宏观经济调控的一个重要政策工具。

对于企业来讲，利率的高低直接决定着融资需求的大小。高利率会提高资金的使用成本，增加企业融资成本，进而扼制企业的投资需求；低利率会降低资金的使用成本，降低企业的融资成本，进而刺激企业的投资需求。

资金的使用是有成本的，利率是衡量资金使用成本的重要参考标准。如果将筹集来的大量资金搁置起来不用，或者投入到毫无效率的项目当中去，就会承担巨大的机会成本。因此，筹资多少资金要根据投资的需求，而不是越多越好。

3.资金周转速度

资金周转速度在企业运营过程中有着非常重要的意义。资金周转速度快，表明在一定时期内，用较少的资金就可以推动较多的生产资源，收获较多的利润回报，这样就减少了企业对资金的需求压力。

影响资金周转速度的因素包括企业产品的生产时间和流通时间。在一定时期里，资金的周转时间越短，资金的周转速度就越快。

4.投资预期回报率

预期回报率是指对一项投资未来各种可能收益率的数学期望，表示投资的未来收益率分布是以它为均值的。

投资的收益直接影响资金的需求。当投资的收益较高时，资金的使用成本就会相对变小，从而增加资金的绝对需求；反之，如果投资的回报较低，则会使资金的成本相对较高，从而削弱或者抑制资金需求。比如，当一项投资的预期回报率为10%时，资金的投入为1000万元；如果预期回报率为20%，企业的投入可能会增加，变成3000万元。

投资预期回报率有着重要的经济决策价值，在以后的分析中，我们可以看到它在融资成本的评价中起着同样重要的作用。

总之，企业融资的需求并非越大越好，也并非可有可无，对融资需求的分析必须建立在以上述因素为基础的资金需求分析上，结合各种因素，合理判定融资需求，这是做出融资决策的关键一步。

关键点提示

影响融资需求的因素有：

1.企业的投资规模；2.利率；3.资金周转速度；4.投资预期回报率。

4.2　如何运用科学的策略来运作企业融资

> **工作场景描述**
>
> 当要制订融资计划，确定正确合理的融资策略时，可查看。

解读与分析

企业融资是一项复杂的系统工程，一项成功的融资决策必须经过全面认真准备。特别是在融资准备时期，企业要制订科学的融资策略，充分考虑收益成本分析、融资时机、融资方式、融资规模等一系列重要问题。企业的融资策略如下。

1.融资总收益要大于融资总成本

随着市场经济的深入发展，竞争越来越激烈。怎样争夺经济资源，正在成为企业的热门话题。但是，企业必须认识到，资金的使用是有成本的，其包括资金的利息成本、融资费用成本和不确定的风险成本等。

对于项目融资或者其他投入型融资，企业在决定融资之前，一定要从总体上分析融资总收益能否大于融资的总成本。如果总收益小于总成本，就不能进行该种融资活动。

2.选择最佳融资机会

企业选择融资时机，就是指企业进行融资时要充分发挥主观能动性，慎重判别融资活动过程的一系列构成因素。企业选择最佳融资机会的过程，就是主观上努力寻求与企业内部条件最相适应的外部环境的过程，因此必须对各种可能影响企业融资时机的主观因素做一下分析。一般来说，其主要内容如下。

（1）充分发挥企业主动性。企业融资是在某一特定时间所出现的一种客观需求。尽管企业本身的内部条件和资源会对融资活动产生重要影响，但与其所处的外部环境相比，企业本身对整个融资环境的影响是有限的。在大多数情况下，企业实际上只能适应外部融资环境而往往无法控制外部融资环境。这就要求企业必须充分发挥主动性，积极地寻求并及时把握住各种有利时机，确保融资获得成功并使融资成本降到最低。

（2）企业融资决策要有超前预见性。企业的外部融资环境是复杂多变的。企业要及时掌握国内外利率、汇率等金融市场的各种信息，熟悉国内外宏观经济形势、货币及财政政策、国内外政治环境等各种外部环境因素，合理分析和预测能够影响企业融资的各种有利和不利条件，以便寻求最佳融资时机。

（3）及时制订合理的融资政策。企业在分析融资机会时，必须结合自身的实际情况，考虑各种不同融资方式所具有的特点。特别是我国正处于产业升级、经济转型的关键时期，经济政策更新和完善的速度较快，因此企业要及时制订出适合经济发展要求的融资政策。

3.降低企业融资成本

如果不考虑融资风险成本，融资成本主要包括融资过程中的组织管理费用、融资后的资金占用费用以及融资时支付的其他费用。企业融资成本是企业选择融资方式时所要考虑的重要因素之一，同时也是决定企业融资效率的主要因素之一。

4.融资不影响企业的控制权

企业进行融资时，经常会面临着控制权部分丧失甚至全部丧失的情况。控制权的丧失会严重影响企业的生产经营，影响企业的利润分配格局，从而引起企业所有人利益的重新配置。因此，在融资过程中要尽量保持企业的控制权，保证生产决策和经营的自主性。但是，这并不意味着企业要把自己封闭起来，有时候必须牺牲部分控制权来换取企业发展的长远利益。在这种情况下，企业如何割舍也是一种决策。

5.确定最佳融资期限

企业融资按照期限划分，分为短期融资和中长期融资。一般按照资金的用途来说，用于企业流动资产的资金最好选择短期融资形式，用于固定资产或长期投资的资金，应该选择长期融资形式。这就是说，融资期限要与形成的资产期限相适应。

按照资产的波动性，企业资产分为波动性资产和永久性资产。从风险偏好的角度来看，融资决策管理分为以下三种类型。

（1）中庸型融资决策管理。它是指对波动性资产采用短期融资形式，对永久性资产采用长期融资形式。

（2）稳健型融资决策管理。它是指不仅用长期融资来形成永久性资产，还用长期融资来形成部分或者全部的波动性资产。

（3）激进型融资决策管理。它是指不仅用短期融资来形成波动性资产，还用短期融资来形成部分永久性资产。

总之，制订科学的融资策略是企业融资活动成功的重要前提。制订稳健而全面的融资策略是融资决策的必要步骤。

关键点提示

企业融资的基本策略包括：

1.融资总收益要大于融资总成本；2.选择最佳融资机会；3.降低企业融资成本；4.融资不影响企业的控制权；5.确定最佳融资期限。

4.3　如何进行企业融资资本成本的一般分析

工作场景描述

当要着重分析企业融资的资本成本时，可查看。

解读与分析

资本成本是企业融资管理中的重要概念，企业只有准确分析资本成本，才能对融资进行成本收益比较，才能做出融资决策。企业融资的资本成本分析主要有三方面的内容：一是决定资本成本高低的因素；二是单个资本成本的种类及计算；三是综合资本成本的计算。

1.决定资本成本高低的因素

决定资本成本高低的因素是多方面的，总体来说，主要包括以下几种。

（1）宏观经济形势。宏观经济形势决定了整个经济系统中的资本总供给和总需求，决定了资本的稀缺程度和名义利率的大小。如果宏观经济形势发生变动，投资者对投资的预期回报也会变动，从而导致资本成本相应变动。一般地，宏观经济形势良好，则资本成本较高；反之，较低。

（2）资本市场环境。有效的资本市场是降低融资资本成本的重要基础，其中，资本市场的流动性是最为重要的因素之一。如果流动性强，则会大大降低资本成本。

（3）融资规模。融资规模越大，付出的资本成本越大。这是因为筹集的资金数额越大，筹集资金过程中所发生的筹集费用和资金占用费（利息）就会越大。但是，资本成本率（等于资本成本除以资本筹集额）不一定随融资规模的增大而增大。

2.单个资本成本的种类和计算

资本成本一般包括资金筹集费和资金占用费。它有多种计算方式，融资方式不同，计算方式也不同。这里先介绍单个资本成本的计算方式。

单个资本成本也叫个别资本成本。个别资本成本是指各种长期资金的成本，其分为借款成本、债券成本、股票融资成本和留存收益成本。

（1）借款成本。借款成本主要是指借款利息和筹资费用，计算公式如下：

$$K_1=\frac{I_t(1-T)}{L(1-f)}=\frac{i(1-T)}{1-f}$$

式中，K_1为长期借款资金成本；I_t为借款年利息；T为所得税率；L为长期借款总额；i为长期借款利率；f为长期借款筹资费用率。

（2）债券成本。债券成本包括申请费、注册费、印刷费、佣金等，计算公式如下：

$$K_b=\frac{I(1-T)}{B(1-f)}=\frac{B\cdot i\cdot(1-T)}{B_0(1-f)}$$

式中，K_b为债券成本；I为每年支付的利息；T为所得税率；B为债券面值；f为债券筹资费用率；i为债券票面利息率；B_0为按发行价格确定的债券筹资额。

（3）留存收益成本。当企业运用留存收益时，表面上看是没有成本的，实际上具有机会成本，因为如果将留存收益分配给股东，股东再用来投资的话，至少会带来投资的平均收益。

留存收益成本的测算较为复杂，分为三种方法。

①股利增长模型法。假设收益以固定的年增长率G递增，则留存收益成本的测算公

式为：

$$K_s = \frac{D_s}{P_s} + G$$

式中，K_s为普通股的资本成本；D_s为预期年股利额；P_s为普通股市价；G为普通股股利年增长率。

②资本资产定价模型法。这种方法是根据资产的风险因子来确定资产定价和成本的方法，计算公式为：

$$K_s = R_i = R_F + \beta(R_M - R_F)$$

式中，K_S为普通股的资本成本；R_i为第i种股票的预期收益率；R_F为无风险资产收益率；β为第i种股票的市场风险系数；R_M为平均风险股票的必要收益率。

③风险溢价法。应用该方法计算留存收益成本基于风险与报酬同比的原则，即风险大报酬也大的原则。由于在权利追索时，债权优先于股权，因此普通股股东的投资风险大于债券投资人的风险。所以，普通股的回报会在债券投资者要求的收益率的基础上再加一定的风险溢价，计算公式为：

$$K_s = K_b + K_{PC}$$

式中，K_b为债务成本；K_{PC}为风险溢价。

（4）股票融资成本。股票融资成本分为优先股、普通股两种。

①优先股融资成本的计算公式为：

$$K_p = \frac{D_p}{P_p(1-F_p)}$$

式中，K_P为优先股融资成本；D_P为优先股年股利；P_P为优先股筹资额；F_P为优先股筹资费用率。

②普通股融资成本的计算公式为：

$$K_c = \frac{D_c}{P_c(1-F_c)} + G$$

式中，K_C为普通股融资成本；D_C为预期年股利额；P_C为普通股市价；F_C为普通股筹资费用率；G为普通股股利年增长率。

3.综合资本成本的计算

当企业以多种形式融资时，就需要计算融资组合的综合资本成本。计算综合资本成本时要采用加权平均的方法，以各种形式的融资额占总融资额的比重为权数，计算公式如下：

$$K_w = \sum W_j K_j$$

式中，K_w为加权平均的综合资本成本；W_j为第j种融资额占总融资额的比重；K_j为第j种融资额度。

在实际工作当中，企业可以灵活运用上述针对企业融资成本的分析方法，分析和决策企业融资成本问题，尽量降低和优化企业融资成本。

关键点提示

企业资本成本的一般分析内容主要包括：

1.决定资本成本高低的因素；2.单个资本成本的种类和计算；3.综合资本成本的计算。

4.4 如何运用杠杆原理管理融资活动

工作场景描述

当要运用杠杆原理来进行有关融资活动的决策管理时，可查看。

解读与分析

利用杠杆原理分析企业融资活动是融资决策的重要手段。企业所利用的杠杆有经营杠杆、财务杠杆以及两种杠杆复合作用的复合杠杆，分别对应着经营杠杆系数、财务杠杆系数和复合杠杆系数。

一般来说，企业融资意味着负债或者权益出让，这是企业迅速发展壮大的必由之路。融资对企业发展来说有重大的意义，但是同时它也会带来风险，企业必须进行科学的管理和规划。

1.利用经营杠杆原理管理融资活动

固定成本是决定企业经营风险的重要因素。在固定成本比重一定的情况下，销售量变动对利润产生的作用，体现的就是经营杠杆原理。

具体来说，经营杠杆原理就是在某一固定成本比重下，产销量增加不会改变固定成本总额，但会降低单位固定成本，从而提高单位利润，使息税前利润的增长率大于产销量的增长率。

经营杠杆系数是衡量经营杠杆大小的工具，是指企业交纳利息和所得税之前的盈余（即息税前利润）变动率与销售额变动率的比值，公式如下：

$$\mathrm{DOL}=\frac{\Delta \mathrm{EBIT} / \mathrm{EBIF}}{\Delta S / S}=\frac{M}{\mathrm{EBIT}}$$

式中，*DOL* 为经营杠杆系数；Δ*EBIT* 为息税前利润变动额；*EBIT* 为息税前利润；M为边际贡献总额；S为销售收入总额；ΔS 为销售收入变动额。

（1）息税前利润EBIT的计算公式为：

$$\mathrm{EBIT}=M-a$$

式中，M为边际贡献总额；a为固定成本。

（2）M是销售收入减去变动成本后的差额，计算公式为：

$$M=S-V=(P-v)Q=mQ$$

式中，V为变动成本总额；P为销售单价；v为单位变动成本；Q为销售数量；m为单位边际贡献。

经营杠杆系数可以表达成产量Q'的函数：

$$\mathrm{DOL}=\frac{M}{\mathrm{EBIT}}=\frac{M}{M-a}=\frac{mQ'}{mQ'-a}$$

当固定成本一定时，产量越大，经营杠杆系数越大，表明经营风险越大。企业运用经营杠杆时，要注意与经营风险的关系。一般来说，在其他因素不变的情况下，固定成本越高，经营杠杆系数越大，经营风险越大。

关于控制经营杠杆的途径，企业一般可以通过增加销售额、降低产品单位变动成本、降低固定成本比重等措施使经营杠杆系数下降，降低经营风险。

2.利用财务杠杆原理管理融资活动

无论企业营业利润是多少，债务利息和优先股的股利都是固定不变的。当息税前利润增大时，每一元盈余所负担的固定财务费用就会相对减少，这能给普通股股东带来更多的盈余。这种债务对投资者收益的影响，称为财务杠杆。

需要注意的是，财务杠杆影响的是企业的税后利润，而不是息税前利润。财务杠杆系数是指每股收益变动率与息税前利润变动率的比值。同样地，财务杠杆系数越大，财务风险就越大。财务杠杆系数的计算公式为：

$$\mathrm{DFL}=\frac{\Delta\mathrm{EPS}/\mathrm{EPS}}{\Delta\mathrm{EBIT}/\mathrm{EBIT}}=\frac{\mathrm{EBIT}}{\mathrm{EBIT}-I}$$

式中，ΔEPS为普通股每股收益的变动额；EPS为变动前普通股每股收益；I为债务利息。

一般地，财务杠杆与财务风险有如下关系。财务风险是企业为取得财务杠杆利益而利用负债资金时，增加了破产机会或普通股利润大幅度变动的机会所带来的风险。也就是说，由于财务杠杆的作用，当息税前利润下降时，税后净利润会下降得更快，从而给企业带来财务风险。

财务杠杆效应是一把双刃剑，既可以给企业带来正面、积极的影响，也可以带来负面、消极的影响。其前提是：总资产利润率是否大于利率水平？当总资产利润率大于利率水平时，举债给企业带来的是正面、积极的影响；相反，当总资产利润率小于利率水平时，举债给企业带来的是负面、消极的影响。在其他因素不变的情况下，固定利息费用越大，财务风险越大。

控制财务风险的途径是降低债务支出，减少利息费用。

3.利用复合杠杆原理管理融资活动

经营杠杆系数（DOL）与财务杠杆系数（DFL）的乘积就是复合杠杆系数（DTL）：

$$\mathrm{DTL}=\mathrm{DOL}\cdot\mathrm{DFL}$$

复合杠杆系数的重要价值在于：一是估计销售额的变动对每股收益的影响；二是运用不同的杠杆组合来达到预定的总杠杆系数。

综上所述，杠杆系数是融资中的一个非常重要的指标体系，只有灵活运用杠杆系数的不同组合，才能为企业的融资决策提供最合理的依据。

关键点提示

利用杠杆原理管理融资活动的方式有：

1.利用经营杠杆原理管理融资活动；2.利用财务杠杆原理管理融资活动；3.利用复合杠杆原理管理融资活动。

4.5　如何利用资本结构理论做出融资决策

工作场景描述

当要运用资本结构理论来分析和决策企业的融资行为时，可查看。

解读与分析

资本结构是指企业各种资产的构成及数量比例关系。资本结构制约着融资方式的选择，而融资方式的选择又改变着企业的资本结构。

1.资本结构理论

关于资本结构的理论成果主要有以下几种。

（1）净利税理论。该理论认为企业利用债务，可以降低企业的加权平均资本成本。净利税理论假设企业债务增加时，其自有资金成本和负债成本均保持不变。这样，债务增加时，企业会因资本结构中负债资金所占比例增加而使加权平均资本成本降低并逐渐接近负债成本。因此，负债率为100%时，企业资金成本最低，此时资本结构最佳。

（2）营业净收入理论。该理论认为，如果企业在提高财务杠杆的同时，加大了权益的风险，权益成本上升，则加权平均资本成本维持不变。因此不论财务杠杆怎么变化，企业加权平均资本成本都是固定的，企业的价值也是不变的。所以，不存在最佳资本结构，因此融资决策也就不存在合理与否的问题了。

（3）传统理论。传统理论认为，自有资本成本随负债比例的增加而逐渐增加。最初，负债资金的成本是稳定不变的，但当负债比例达到一定程度以后，负债资本成本就会上升。这样，在初期少量增加负债时，加权平均资本成本就会下降，但在达到某一点以后，加权平均资本成本开始上升，以后会因负债比例的增加而迅速增加。加权平均资本成本最低时的资本结构为最佳资本结构。

（4）MM权衡理论。最初该理论认为，由于债务利息税前扣除，因此负债越多，企业价值越大。后来该理论有了重要发展，提出税负利益破产成本的权衡理论。MM权衡理论的主要观点如下。

①负债可以为企业带来税收庇护效益。

②当负债比例上升到一定程度时，税前利润会下降，同时负担破产成本的概率在增加。当边际负债税收庇护收益与边际破产成本相等时，企业的价值最大，达到最佳资本结构。

显然，MM权衡理论的核心是边际负债收益等于边际破产成本时资本结构最合理。

2.资本结构管理方法

由于资本结构是在融资过程中采取不同的融资方式形成的，因此资本结构的优化也必定要通过进一步的融资才能实现。判定资本结构是否合理的方法是融资的每股收益分析法。

每股收益分析法基于每股收益的无差别点分析。每股收益无差别点的计算公式是：

$$\mathrm{EPS}=\frac{(S-V_{\mathrm{c}}-F-I)(1-T)}{N}=\frac{(\mathrm{EBIT}-I)(1-T)}{N}$$

式中，EPS为每股收益无差别点；V_{c}为变动成本；S为销售额；F为固定成本；I为债务利息；T为所得税率；N为流通在外的普通股股数；EBIT为息税前利润。

每股收益的无差别点算出后，当销售额低于无差别点时，运用权益融资可以获得较高的每股收益；当销售额高于无差别点时，采用负债融资可以获得较高的每股收益。

3.确定最优资本结构的程序

一般来说，企业可以按照下列程序来确定最优资本结构：

（1）具体计算每种融资组合的综合融资成本；

（2）按照资本结构管理方法判定每股收益的无差别点；

（3）判定所选择的融资方式对资本结构变动的影响；

（4）形成融资决策判断。

运用资本结构做企业融资决策时，就是要结合资本结构和资本结构管理理论对不同的融资方式进行选择，从而产生最优资本结构。

关键点提示

利用资本结构理论来决策企业融资时要掌握：

1.资本结构理论；2.资本结构管理方法；3.确定最优资本结构的程序。

4.6　如何识别和控制企业融资风险

工作场景描述

当要寻求科学的方法和手段来识别和控制企业融资风险时，可查看。

解读与分析

融资风险不仅具有客观性、普遍性，还具有隐蔽性和随机性。企业融资风险管理包括两大基本内容：一是融资风险的识别技术；二是融资风险的控制方法。

1.融资风险的识别技术

风险识别的技术和方法较多，主要包括以下几种。

（1）风险分析调查法。其是指结合企业融资的全过程，将每个环节和程序中可能会出现的情况都罗列出来，整理成表格和问卷形式，对当事人进行调查咨询，最后根据调查咨询结果进行风险分析和识别。

调查问题的设计应全面，方式可以是定性调查，如“政府的政策会影响企业融资的成本吗”，也可以是定量调查，如“政府的政策在多大程度上影响企业融资的成本”。

（2）德尔菲法。其又称专家调查法，是指依靠专家的直接观察进行定性的风险识别。此方法是美国咨询机构兰德公司于20世纪40年代发明的。

专家调查法的主要程序如下。

①设计好问题，分别发给每位专家。

②专家参照资料，背对背独立地给出自己的意见。

③汇集整理专家的意见，归纳出统一的意见。

④如果专家意见不统一，归纳出几类主要的观点，再发给各专家征集意见，反复进行以上步骤，最终形成统一的意见。

（3）融资环境分析法。融资环境分为内部环境和外部环境。

①内部环境包括管理水平、员工素质、资本结构、生产水平、企业治理结构等。

②外部环境包括国家政策、金融市场结构、产品市场行情、宏观经济形势等。

融资风险的形成离不开融资环境，运用融资环境分析法就是要分析出融资内、外部环境的各个因素对融资的影响有多大，分析哪些因素会成为影响融资的主要变量。在找到影响融资的主要变量之后，结合变量的预期概率分布，科学分析和评估融资的风险。

（4）财务报表分析法。对于企业融资而言，财务报表分析法就是企业根据自己的资产负债表、损益表和现金流量表等报表进行融资的内部分析，从中识别出潜在的融资风险。

财务报表是反映企业财务状况、财务成果和财务变动原因的重要文件，通过财务报表往往可以发现企业经营、管理、财务等各方面的问题。比如，速动比率、流动比率反映了融资的信用风险，利用资产负债率可以判定融资的资本结构风险等等。

（5）BS法，BS即Brain Storming的缩写，又称头脑风暴法。其是指无拘束的、任意的、不能相互批判的集体思维的风险识别方法。

运用BS法解决问题的基本形式是讨论会，讨论的原则是：不驳斥、无拘束、全面、合理、任意想象。

2.融资风险的控制方法

风险控制方法分为两类：风险控制工具和风险财务工具。

（1）风险控制工具。

①回避风险。这是一种无作为的消极避险方法，是指主动放弃融资活动。回避风险有两种形式，一是事前回避，指在实施融资活动之前就放弃；二是中途放弃，指在实施方案的过程中放弃。

②损失控制。在损失发生以前尽力消除损失发生的根源，如不能消除，就尽力减小发生损失的概率，并在损失发生以后尽力减小损失的严重程度，例如：合理安排还债期限结构，避免因偿债高峰带来债务危机；当债务危机发生时，企业应迅速恢复生产、销售等活动，并积极进行债务重组。

（2）风险财务工具。

①财务风险转移。其主要有保险的财务风险转移和非保险的财务风险转移。保险的财务风险转移是指通过投保来减少自身风险的方式，非保险的财务风险转移是指通过免责协议、保证和套期交易保值来转移风险。

②风险自留。风险自留是指不对风险采取措施，自行承担风险及其后果的风险处理方式。

适合风险自留的风险一般发生概率较小，造成的损失较轻，而且造成的损失不会对企业造成重大损害。

关键点提示

要想准确识别和控制企业融资风险，就必须掌握：

1.融资风险的识别技术；2.融资风险的控制方法。

4.7 如何测评使用商业银行贷款的经济效益

工作场景描述

当要分析使用商业银行贷款的经济效益时，可查看。

解读与分析

企业贷款的目的是满足生存、发展的需要，因此如何运用指标来测评贷款的经济效益显得尤为重要。商业银行贷款的经济效益是指企业生产经营成果与贷款额度之间的比例关系。贷款的经济效益是衡量银行贷款作用和企业运用贷款实现效益的有效工具。目前，较为普遍运用的考核贷款经济效益的指标如下。

1.贷款指标利用率

该指标是指企业实际获得的银行发放额与贷款指标的比值，它反映了利用商业银行贷款指标的程度。其公式为：

$$贷款指标利用率=\frac{贷款累计发放额}{贷款指标}$$

该指标是从银行分配资金的角度来辅助考察贷款所起作用的。例如：某企业获得贷款指标数1000万元，已经贷款累计达800万元，则该企业的贷款指标利用率为80%。

2.贷款产值率

它是指企业贷款额度与企业总产值之间的比例关系。其公式为：

$$贷款产值率=\frac{企业总产值\times 资金贷款率}{贷款平均余额}\times 100\%$$

其中，资金贷款率的计算方法为：

$$资金贷款率=\frac{贷款额度}{企业总资金额}\times 100\%$$

显然，贷款产值率越大，表明企业利用贷款实现的产值越多，贷款的经济效益就越明显。这种测算是按照单位资金所带来产值的配比来核算的。

3.贷款销售率

该指标是反映贷款额度和销售额之间的比例关系，反映贷款在企业经营中周转速度的指标。计算公式为：

$$贷款销售率=\frac{销售收入总额\times资金贷款率}{贷款平均余额}\times100\%$$

贷款销售率的经济意义为：其数值越大，表明企业的信贷资源在综合收入方面的回报率越高，商业银行的信贷资源配置效益越好。它是评判企业利用信贷资源配置效益高低的一项重要指标。因此，企业要想获得贷款的高收益，就要设法提高贷款销售率。

4.贷款利税率

该指标是反映企业贷款与利润、税收总额之间的比例关系，考核企业盈利能力的指标。计算公式为：

$$贷款利税率=\frac{利税总额\times资金贷款率}{贷款平均余额}\times100\%$$

贷款利税率越大，表明单一客户的信贷资源配置在盈利上的回报率越高，商业银行的信贷资源配置效益越好。它是评判客户信贷资源配置效益高低的一项核心指标。

5.贷款净收益

该指标是考核企业贷款获得净收益的指标。其计算公式为：

$$贷款净收益=企业贷款后新增利润-贷款利息$$

这一指标数值越大，说明贷款的经济效益越好。

企业利用商业银行贷款能获得可测量的直接经济效益，同时，还可以通过商业银行的债务管理来促使企业向规范化、标准化方向迈进，从而获得间接的效益，比如财务管理更加规范、资产结构更加合理等等。

关键点提示

测评商业银行贷款经济效益的指标有：

1.贷款指标利用率；2.贷款产值率；3.贷款销售率；4.贷款利税率；5.贷款净收益。

4.8 如何确定企业经营是否处于负债经营的合理范围

工作场景描述

当要努力寻求企业负债经营的合理范围时，可查看。

解读与分析

在市场经济条件下，企业向银行贷款，就是企业对银行负债。按照现代企业财务理论中负债与资产的匹配原则，企业要建立并运用一系列的标准，来检验企业经营是否处于负债经营的合理范围。

1.企业负债偿还能力

负债偿还能力是指可支配的偿付货币与债务之间的关系。财务风险控制良好的企业会做出多种负债管理方案，设置多重风险防火墙，从而进行有效的风险控制。针对不同情况，企业所具备的一系列偿付能力指标如下。

$$偿付能力\text{I} = \frac{偿付资金}{短期债务} \times 100\%$$

$$偿付能力\text{II} = \frac{偿付资金 + 短期债权}{短期债务} \times 100\%$$

$$偿付能力\text{III} = \frac{偿付资金 + 短期债权 + 储备}{短期债务} \times 100\%$$

$$偿付能力\text{IV} = \frac{偿付资金 + 短期债权 + 短期盈余}{短期债务} \times 100\%$$

上述各种指标是以短期债务为对象进行分析的，以长期债务为对象的分析原理与其相同，不再赘述。

需要明确的是，偿付能力指标越大，则企业的偿付能力越强；越小，偿付能力越弱。当然，不同的偿付能力指标有不同的决策指导意义。如果偿付能力指标过高，则意味着资本资源闲置；如果过低则意味着财务风险。如果指标小于0，则表明资不抵债。企业可根据不同的情况来合理制订企业的财务政策，从而确定各种偿付指标。

2.企业总资产负债比率

企业总资产负债比率是企业总负债与全部资产的比值，它表明了企业负债规模与总资产之间的比例关系，其计算公式为：

$$企业总资产负债比率=\frac{中长期负债总额+短期负债总额}{固定资产变现值+流动资产变现值}\times 100\%$$

需要说明的是，固定资产变现值即固定资产账面价值冲减国库券的贴息值和待处理的固定资产损失的差额，流动资产变现值即流动资产账面价值冲减霉变失效和残次积压物资的损失、待处理流动资产的损失、应收款中的呆账损失等的差额。

在一般情况下，企业总资产负债比率的上限应以60%为宜，即企业的总负债占企业总资产变现值的比值不能超过60%的警戒线。设置企业总资产负债比率上限为60%的依据如下。

（1）抵押贷款的超额抵押值率一般规定为30%～40%，即抵押贷款发放率为抵押品交换值的60%～70%，这里取其下限。

（2）历史资料显示，我国企业的最高负债能力一般为企业总资产变现值的60%。举例如下：假定某企业总资产变现值为400万元，企业总资产负债比率规定为60%时，该企业总资产的负债最高额为240万元，否则该企业就进入超比例负债经营状态。

3.企业固定资产负债率

企业固定资产负债率是指企业全部固定资产与全部中长期负债的比值，其公式为：

$$固定资产负债率=\frac{中长期借款}{固定资产变现值}\times 100\%$$

在一般情况下，企业固定资产负债率上限以50%为宜，即50%为企业固定资产负债率的警戒线。商业银行向企业发放固定资产贷款，要求企业必须拥有占项目总投资50%以上的自筹资金，即企业固定资产贷款不能超过企业自筹资金的50%。

4.企业流动资金负债率

企业流动资金负债率是指短期周转性负债与企业定额流动资产变现值的比值。其计算公式为：

$$企业定额流动资产负债率=\frac{短期周转性借款定额}{流动资产变现值}\times100\%$$

式中，定额流动资产变现值为定额流动资产账面价值冲减霉变失效物质原值和残次积压物资损失、待处理流动资产损失的差额。

企业流动资产负债率也以50%为警戒线。规定50%这一比例，一是因为企业流动资产与流动负债的比例通常为2∶1，这一比例又是衡量企业经营管理状况的一个重要指标；二是我国银行发放流动资金贷款时，按规定企业自有流动资金应达到50%～70%，本书取其下限。例如，某企业定额流动资金的变现值为100万元，该企业定额流动资金负债率为50%，则该企业定额流动资产负债不应超过50万元，否则，该企业就进入风险预警状态。

企业非流动资产负债为应付款、货到未付款、结算货款及其他应付款之和，非定额流动资产应为应收货款、发出商品、货币资产及其他应收款之和与待处理非定额流动资产损失的差额。

依据我国银行结算贷款的有关规定，企业非定额流动资金的负债率上限以80%为宜。

测定企业负债经营风险的一般界定范围是参考性的，不是绝对的。不同的企业主体有不同的情况，企业在决策负债经营风险时一定要结合实际，灵活运用基本的财务原理和指标界限。

关键点提示

决定企业负债经营合理范围的指标有：

1.企业负债偿还能力；2.企业总资产负债比率；3.企业固定资产负债率；4.企业流动资金负债率。

4.9 如何减少债券的融资成本

工作场景描述

当要减少债券的融资成本时，可查看。

解读与分析

企业债务融资的融资成本是指企业采取债务融资方式时发生的资金利息成本和发行费用。对企业债券而言，其融资成本主要包括付给投资者的资金利息，与发行有关的承销费用、广告费、资信评级费、法律咨询费、债券托管费等费用。

1.影响债券融资成本的因素

（1）票面利率水平。票面利率是指债券发行者按照约定必须付给投资者的利率。显然，票面利率与债券发行者的融资成本是成正比的，即票面利率越高，融资成本就越大。

（2）承购包销及代理手续费。承购包销及代理手续费是指债券发行人支付给承销机构的发行费用，又称为佣金。手续费的多少与债券发行责任有关。一般情况下，受托中介单位的发行责任越大，手续费就越高。

（3）宣传广告费。其是由宣传广告的形式、范围以及债券发行额的大小所决定的。一般来说，广告范围广，债券发行额大，企业的宣传广告费用支出就大。

（4）法律咨询费。发行债券过程中涉及许多法律问题，发行人必须聘用律师来处理有关的法律问题，所以要支付一定的费用。费用的高低与法律问题的困难程度、律师知名度有关，当然也与发行人的企业规模和发行数额有关。

（5）资信评级费用。资信评级费用是发行人为发行债券而评级所需要的费用。资信评级费用一般以评级次数计费，与发行金额无关。

（6）债券托管费用。债券托管费用是指在发行过程中债券发行人因将债券托管给金融机构，而向托管机构缴纳的管理费用。

（7）担保费用。企业发行债券时，如果采用他人担保发行的方式，发行债券的企业需要根据担保额支付给担保人一定比例的担保费用，作为担保人所承担风险的补偿。

（8）其他费用。除了上述费用外，发行债券的企业还要支付其他费用，如发行债券工作人员工资支出、办公场所费用、文件印刷费等。

2.债券成本的计算

在介绍了上述各个影响债券融资成本的因素之后，如果只考虑平价发行情况，就可以给出债券筹资成本率的计算公式：

$$K_b = i_d \times R / (R - f_b)$$

式中，R、i_d分别为筹资额（在平价发行时即为发行额）与资金利率（票面利率）；f_b为发行费，包括承销、广告、法律咨询、托管、评估审计等各项费用。

进一步来看，发行费用分为固定成本和变动成本两部分。固定成本如宣传广告费、法律咨询费、资信评级费用、其他费用等，一般与发行额大小无关，用C表示；变动成本包括承销费、担保费、托管费等费用，一般随债券发行量变化，用变动成本率σ表示（$0<\sigma<1$）。企业可以利用以下公式来计算债券融资成本率：

$$K_b = i_d \times R / (R - C - aR) = i_d / (1 - a - C / R)$$

减少债券融资成本的方法是尽量节约和压缩各种费用。仔细分析融资成本的影响因素，降低各种融资费用，对于努力提高有效融资水平、降低融资成本起着重要作用。

关键点提示

影响债券融资成本的因素：

1.票面利率水平；2.承购包销及代理手续费；3.宣传广告费；4.法律咨询费；5.资信评级费用；6.债券托管费用；7.担保费用；8.其他费用。

第5章

企业融资操作常见问题

长期以来，在我国企业的发展过程中，银行贷款一直是企业获得所需资金的主要渠道。目前，在以直接融资为特征的资本市场欠发达的条件下，从商业银行获取信贷融资仍然是大多数企业融资的主要方式之一。商业银行信贷关系成为现代重要的金融契约关系之一。从商业银行获取信贷融资的过程较为复杂，存在着许多不确定性。因此，怎样对商业银行贷款融资进行科学管理已经成为现代企业融资管理的重要内容。

5.1　如何才能达到商业银行贷款的条件

工作场景描述

当寻找途径，努力争取商业银行贷款资格时，可查看。

解读与分析

商业银行的职能就是提供资金融通的平台，理论上所有的企业或其他融资主体都可以取得银行贷款，但由于经济资源具有稀缺性，要求对资金实行优化配置，因此商业银行设置了许多条件来限制企业的贷款。要想取得商业银行贷款，企业必须具备以下条件。

1.企业申请贷款时应具备的基本条件

（1）借款企业应当是经工商行政管理机关（或主管机关）核准登记设立的企业。

（2）借款企业应当经过工商部门办理年检手续。

（3）产品有市场，生产经营有效益，不挤占挪用信贷资金，恪守信用。

（4）有按期还本付息的能力，原应付贷款利息和到期贷款已清偿；没有清偿的，已经做出了贷款人认可的偿还计划。

（5）除国务院规定外，有限责任公司和股份有限公司对外股本权益性投资累计额未超过其净资产总额的50%。

（6）借款人的资产负债率符合商业银行的要求。

（7）申请中长期贷款的，新建项目企业法人所有者的权益与项目所需要投资的比例不低于国家规定的投资项目资本金比例。

2.申请一般性流动资金贷款的条件

（1）经工商行政管理部门批准，依法登记注册并经年审合格的企业。

（2）有一定比例的自有资金。

（3）具有固定的生产、经营场所。

（4）企业制度完善，产权明晰，经营管理制度健全。

（5）资信良好，具有按期还本付息的能力，借款人信用等级符合金融机构要求。

（6）如果是担保贷款，担保合同必须符合《中华人民共和国民法典》等法律法规的规定。

（7）取得当地中国人民银行颁发的贷款卡，同时在申请贷款的商业银行开设基本账户或一般存款账户，并用该账户办理结算业务。

3.申请固定资产贷款的条件

除符合上述条件外，还应符合下列条件。

（1）必须取得资质证书，并办理年检手续。

（2）取得有关部门批准的项目主项批复。

（3）项目可行性研究报告已经获得有关部门的批准。

（4）项目开发取得合法有效批件。

项目建设用地为出让性质的，应根据该项目的国有土地出让合同约定，缴齐全部土地出让金，并取得该项目的“国有土地使用证”“建设用地规划许可证”“建设工程规划许可证”和“建设工程施工许可证”等有关证件。

（5）项目符合当地市场需求，有良好的经济和社会效益。

具备商业银行贷款资格的总体要求是合法、合规，相关手续齐全，特别是固定资产贷款，使用国有土地时要具备相关证件。

商业银行贷款的提供不同于一般的非银行借贷。商业银行在选择放贷对象时，比较注重考查企业的资质和实力。这就需要企业扎实地开展工作，通过提高自身的条件和水平来获得商业银行的青睐。

关键点提示

获得商业银行贷款必须具备以下条件：

1.企业申请贷款时应具备的基本条件；2.申请一般性流动资金贷款的条件；3.申请固定资产贷款的条件。

5.2　如何进行商业银行贷款融资前的文件准备

工作场景描述

当要准备商业银行贷款融资的预审文件时，可查看。

解读与分析

获得商业银行贷款融资的第一步是企业根据自己的情况提出申请，接下来就要准备商业银行的贷款预审文件了。全面详尽地准备贷款预审文件是通过贷款预审的最为关键的环节之一。尽管贷款预审的资料文件非常庞杂，但是一般比较固定，主要包括如下几类。

1.资质类资料文件

（1）借款的企业法人，应提供工商部门核发并经年审的营业执照，若为“三资”企业，应提供主管外经部门的批准证书。

（2）法人代码证、税务登记证复印件。

（3）经工商部门确认的企业章程。

（4）已办理年检的企业法定代表人身份证复印件。

（5）法定代表人证明书、代理人授权委托书。

（6）由企业出具的董事会成员组成名单。

（7）董事会或股东会表决通过的借款决议书。

2.财务类资料文件

（1）由依法注册的会计师事务所出具的验资报告。

（2）近3年的财务报表及报表明细（主要包括：应收账款、应付账款、预收款、预付款、存货及固定资产等）。

（3）税务部门确认的报税表、完税凭证。

（4）中国人民银行核发的贷款卡。

（5）主要结算银行对账单。

（6）有关贷款用途的合同。涉及进出口业务的，需提供进出口许可证和进出口购销合同复印件。

3.固定资产贷款还需提供的材料

（1）有关部门批准的《项目立项批文》《项目可行性研究报告》和纳入当年固定资产投资计划的文件。

（2）项目设计、项目投资总额和分阶段投资计划。

（3）按规定在开户银行存入自有资本金的证明文件。

（4）续建项目需提供前期投资情况、资金来源及使用情况、工程进度等资料。

（5）施工合同。

（6）按规定竣工投产所需自筹资金落实情况及证明文件。

（7）按规定要求提供的其他材料，如环境保护部门的批准文件或审批意见、供电/水部门的批准文件或审批意见、国土管理部门的批准文件或审批意见、城市规划部门的批准文件或审批意见、外汇管理部门批准使用外汇的证明文件等等。

4.抵（质）押担保方式贷款还需提供的材料

（1）抵（质）押物的权属证明文件。

（2）抵（质）押物价值的证明材料。

（3）抵（质）押物的保险单材料。

（4）抵（质）押物所有权人同意抵（质）押担保证明或股东会、董事会决议。

（5）财产共有人同意抵（质）押担保证明或股东会、董事会决议。

（6）国有企业需提供国有资产管理局、职代会或政府同意抵（质）押担保证明（政府同意是指行政划拨土地抵押部分），集体企业需有上级主管部门同意抵（质）押担保的证明。

（7）抵押物出租的，需提供租赁合同。

（8）抵押物为预售物业的，需房产开发商提供证明（包括已交付使用、已付清房款、未确权等内容）。

（9）抵押物为预售商铺的，须提供综合验收证明（如消防、环保等）。

（10）以划拨方式取得的国有土地使用权设定抵押的，还要提供土地管理部门批准设定抵押的证明。

（11）银行要求提供的其他证明文件和材料。

5.保证担保方式贷款还需提供保证人的材料

（1）经工商部门核准登记并经年审的营业执照复印件。

（2）法人代码证、税务登记证复印件。

（3）企业章程、联营协议、合作合同复印件。

（4）法定代表人身份证复印件。

（5）法定代表人证明书、代理人授权委托书。

（6）由企业出具的董事会成员名单。

（7）董事会或股东会同意提供保证担保的协议书。

（8）贷款卡。

（9）近3年的财务报表与有关明细。

（10）其他证明文件和材料。

6.房地产项目开发性贷款还需提供的材料

（1）通过年检的房地产开发企业资质证书。

（2）建设用地规划许可证。

（3）建设工程规划许可证。

（4）征地红线图。

（5）国有土地使用权证。

（6）国有土地使用权出让合同。

（7）建设用地批准书。

（8）建设工程报建审批书。

（9）建设工程施（开）工许可证。

（10）已开始售房的项目，须提供商品房预售许可证。

（11）两个以上企业合作开发的项目，必须提供联合开发协议。

（12）项目国有土地出让（转让）合同、土地出让金缴纳凭证及有关补偿费用付款凭证。

（13）固定资产投资项目投资许可证。

（14）项目资本金来源及落实的资料。

（15）项目所在地总平面图、可行性研究报告、投资预算书、施工进度和现金流量情况表、“七通一平”落实情况的资料。

（16）项目监理单位资质证明和历史业绩证明。

（17）承包商资质证书及承建合同。

（18）开发商向承包商支付工程款凭证及证明。

（19）工程施工进度和交付使用日期的计划书。

（20）外资企业须有中华人民共和国台港澳侨投资企业批准证书或所在地省级外商房地产经营企业资质证书。

（21）银行机构要求提供的其他证明文件和材料。

在市场经济条件下，商业银行贷款不再采用行政命令划拨的形式。企业要想获得商业银行贷款，就必须提供能够证明企业发展状态良好的一系列文件和资料。实践中，对于企业贷款所需要提交的材料，商业银行尤其要重视企业所提供的资质类、财务类和还款保证类资料。

关键点提示

银行贷款预审资料包括：

1.资质类资料文件；2.财务类资料文件；3.固定资产贷款还需提供的材料；4.抵（质）押担保方式贷款还需提供的材料；5.保证担保方式贷款还需提供保证人的材料；6.房地产项目开发性贷款还需提供的材料。

5.3　如何应对商业银行的信用评估审查

工作场景描述

当贷款预审通过后，企业面临商业银行实时、实地的评估和调查时，可查看。

解读与分析

商业银行对企业贷款的评估是多方面的，主要围绕资质、财务状况、担保等历史信息和现实情况，很少涉及企业的未来经营及财务状况。商业银行对企业历史信息和现状主要从以下几个方面来考察。

1.基本调查

（1）资质调查

其包括是否符合贷款基本条件的要求，贷款用途是否符合政策、法律法规的规定，贷款原因是否充分。

（2）信用调查

①历史信誉记录是否良好。

②借款人的资本金质量及资本实力。

③借款人的担保对贷款的保证是否充分。

2.对借款企业的财务状况进行分析

商业银行一般按照《信贷客户评价办法》和《额度授权管理办法》，对企业客户进行资信评价，并对客户进行信用分级，然后给予不同等级的客户不同的额度授信。

银行根据借款企业的财务报表分析各种信用指标，主要是“资产负债表”“损益表”“现金流量表”。下面分别给出主要分析指标和评估指标及其计算公式。

借款人财务状况和信用状况评价指标如下。

所有者权益=实收资本＋资本公积＋盈余公积＋未分配利润

$$资产负债率=\frac{总资产+申请贷款-所有者权益}{总资产+申请贷款}$$

$$向该商业银行借款额与企业总资产之比=\frac{向该商业银行原借款额+再申请借款额}{总资产+再申请借款额}$$

$$企业月均经营总收入与向该商业银行借款额之比=\frac{月均经营总收入}{商业银行借款额}$$

$$固定资产净值=固定资产原值-折旧$$

$$流动比率=\frac{流动资产}{流动负债}$$

$$应收账款、待摊费用、其他应收款与流动资产之比=\frac{应收账款+待摊费用+其他应收款}{流动资产}$$

$$流动资产周转率=\frac{计算期本年累计销售收入\times 12}{计算期月份\times 总资产}$$

$$资产利润率=\frac{计算期本年累计利润\times 12}{计算期月份\times 总资产}$$

$$在该商业银行近两个月日均存款与贷款额之比=\frac{日均存款额}{在该商业银行的借款}$$

$$在该商业银行的结算比例=\frac{企业近三个月在该商业银行结算流入量}{企业近三个月累计收入}$$

商业银行对财务指标的分析，主要是看资产的质量、数量和盈利能力等。企业要注意运用调整资产结构、负债比例和盈利指标的技巧来获得商业银行较高的评级。

3.对借款企业进行信用评级

信用评级是商业银行确定贷款风险程度的依据和进行信贷资产风险管理的基础。众所周知，信贷是企业生产发展的重要资金来源之一，其生产经营状况、行为的规范，直接关系到银行信贷资金的使用和效益。

实际上，评级一般由权威的评级机构进行。对企业的评级主要围绕着经营活动、经营成果、获利能力、偿债能力等指标进行。但是各个评级机构对上述指标的量化标准不一样，比如，对同一家企业，穆迪和标准普尔的评级就不一样，此处不赘述具体的评级标准。

现阶段，商业银行对信贷资产安全性、效益性的要求日益提高，资信评级对银行信贷的积极作用也将日趋明显，而且商业银行会自己对企业进行信用评级。一般地，按照对借款企业财务分析的方法，结合分析财务状况的几种量化指标，各商业银行就可以依据自己制订的评级标准，对借款企业进行信用评级。

4.对保证人的财务状况做出评价

如果是保证担保方式贷款，则商业银行也会对担保人或单位的财务状况做出分析，主要分析指标如下。

$$所有者权益=实收资本+资本公积+盈余公积+未分配利润$$

$$资产负债率=\frac{总资产-所有者权益}{总资产}$$

$$固定资产净值=固定资产原值-折旧$$

$$流动比率=\frac{流动资产}{流动负债}$$

$$企业总资产与保证金额之比（含本次申请金额）=\frac{企业总资产}{保证金额（含本次申请金额）}$$

$$保证人所有者权益与对本商业银行借款保证金额之比=\frac{所有者权益}{借款保证金额}$$

$$保证人月均总收入与对本商业银行借款保证金额之比=\frac{月均总收入}{借款保证金额}$$

对保证人财务状况进行分析后，商业银行也可以根据上述量化指标，依据商业银行制订的标准，对保证人的信用等级进行判定和分类。

5.对抵押物进行界定

由于在实践中，抵押贷款的形式比较常用，因此对抵押物进行界定就成为商业银行确保抵押贷款安全的一个重要步骤。《中华人民共和国民法典》对能否作为抵押物的财产做出了详细的规定。详情可参见《中华人民共和国民法典》中第三百九十五条到三百九十九条的内容。

关键点提示

商业银行对企业的信用评价和调查，一般从以下方面进行：

1.基本调查；2.对借款企业的财务状况进行分析；3.对借款企业进行信用评级；4.对保证人的财务状况做出评价；5.对抵押物进行界定。

5.4 如何才能满足企业发行A股的条件

工作场景描述

当要判定企业是否具备发行A股的条件时，可查看。

解读与分析

企业的股票发行是指符合发行条件的股份公司以筹集资金为目的，依照法律规定的程序向社会投资人出售代表部分股东权利的股票的行为。境内发行股票是国内大多数企业筹集股本资金的重要途径。在我国境内上市的企业均可发行A种股票。

我国的《股票发行与交易管理暂行条例》规定：股票发行人必须是具有股票发行资格的股份有限公司。这里所说的股份有限公司，包括已经成立的股份有限公司和经批准拟成立的股份有限公司。也就是说，在发行股票前，发行人要取得法律认可的发行人资格。发行A股要具有如下基本条件。

1.新设企业发行A股条件

新设立股份有限公司申请公开发行股票的，应当符合以下条件。

（1）其生产经营符合国家产业政策，不同时期的国家产业政策会有所不同。

（2）其发行的普通股限于一种，同股同权。同股同权即同种类股票具有相同的权利。强调“限于一种”和“同股同权”是为了保护社会公众投资者的利益。

（3）发起人认购的股本数额不少于企业拟发行股本总额的35%。

（4）在企业拟发行的股本总额中，发起人认购的部分不少于人民币3000万元（国家另有规定的除外）。

（5）向社会公众发行的部分不少于企业拟发行股本总额的25%；企业拟发行的股本总额超过人民币4亿元的，证监会按照规定可以酌情降低向社会公众发行部分的比例，但是最低不少于企业拟发行股本总额的10%。

（6）发起人在近3年内没有重大违法行为。

（7）中国证券监督管理委员会规定的其他条件。

2.企业改组发行A股条件

由原企业改组设立股份有限公司申请发行股票的，应满足以下条件。

（1）符合上述（1）~（7）条。

（2）发行股票前1年末的净资产在总资产中所占比例不低于30%，无形资产在净资产中不高于20%（中国证券监督管理委员会另有规定的除外）。

（3）企业近3年连续赢利。国有企业改组设立股份有限公司申请公开发行股票的，国家拥有的股份在企业拟发行的股本总额中所占的比例由国务院或国务院授权的部门规定。

3.增资发行股票条件

股份有限公司增资申请公开发行股票的，除应当符合上述条件外，还要满足：

（1）前一次公开发行股票所得资金的使用与其招股说明书所述的用途相符，并且资金使用效益良好；

（2）距前一次公开发行股票的时间不少于12个月；

（3）从前一次公开发行股票到本次申请期间没有重大违法行为；

（4）证监会规定的其他条件。

4.发审委重点关注的问题

按照有关规定，证监会股票发行审核委员会在审核企业股票发行申请时应特别关注下列问题，并根据这些问题存在与否及是否影响企业发行上市独立做出判断。

（1）企业在最近3年内是否存在重大违法行为，包括但不限于：

①企业发起人出资不实；

②企业未经批准发行或变相发行过股票、债券，以欺诈或其他不正当手段发行和交易证券；

③企业设立或运作期间未履行合法的审批、登记程序；

④其他重大的违法行为等。

（2）企业3年前是否存在对企业未来产生影响的违法违规行为，包括但不限于：定向募集企业的设立行为及其内部职工股发行、增资等是否符合当时法律、法规及有关政策文件的规定等。

（3）企业在最近3年内是否连续赢利，包括但不限于：企业在最近3年内发生的重大重组行为（包括企业整体资产置换、企业分立等）对企业的资产、负债、经营业绩产生的重大影响，发审委委员可以判断企业是否可以连续计算重组前原企业的3年赢利业绩。

（4）企业预期利润率是否达到同期银行存款利率，这里的“同期银行存款利率”为一年期定期存款利率。

（5）企业累计投资额是否未超过企业净资产的50%，“累计投资额”“企业净资产”按经审计的合并会计报表数据计算。

（6）发行前1年末，净资产在总资产中所占比例不低于30%，无形资产在净资产中所占比例不高于20%。上述比例按经审计的发行上市主体（母公司）会计报表数据计算，其中无形资产按扣除土地使用权后的余额计算。

（7）企业是否存在重大诉讼、仲裁、股权纠纷或潜在纠纷。

（8）企业设立后股权转让及增资、减资的行为是否合法，是否履行法定程序。

（9）企业的股东大会、董事会、监事会是否依法独立履行职责、行使权力，企业治理结构是否完善。

（10）企业与股东在业务、资产、人员、机构、财务等方面是否分开，是否独立运作。

（11）企业是否存在重大或频繁的关联交易，且关联交易显失公允，企业内部缺乏保障关联交易公允性的措施。

（12）企业是否与控股股东及其所属企业存在严重的同业竞争。

（13）企业生产经营是否较严重地存在下列风险因素，包括但不限于：

①企业的生产经营存在国家产业政策明确予以限制或禁止的领域；

②企业的募股资金投向不明确，投资项目与企业主营业务不相关，或存在市场、效益、环保等其他重大风险；

③企业的内部治理存在严重不规范的情况，企业管理层不能证明其使用了相应的管理手段，建立了相应的内控制度。

（14）企业最近3年内财务会计文件是否存在虚假记载；所申报的财务资料是否合规，是否充分、完整、准确地反映了企业的财务信息；企业是否存在重大的财务风险。

股票筹资是企业的有效筹资渠道之一。在资本市场的资源配置机制下，为了提高配置效率，减少市场噪音及降低金融市场交易成本，市场要求建立一种准入机制。特别是在我国资本市场尚不发达的情况下，为了市场的健康发展、规范企业融资秩序，必须要求拟发行股票的企业满足特定的发行条件。

关键点提示

发行A股股票的条件涉及：

1.新设企业发行A股条件；2.企业改组发行A股条件；3.增资发行股票条件；4.发审委重点关注的问题。

5.5　如何成功运作 A 股股票上市

工作场景描述

当要策划运作在境内发行A股股票时，可查看。

解读与分析

企业具备了发行股票的条件，并不意味着就可以发行股票了。企业发行股票需要经过一系列的筹划，在实施的过程中涉及众多的中介机构、各级政府部门及证券管理部门。运作股票上市是一个非常庞杂的工程，需要方方面面的协调，需要经过一系列的关键步骤和阶段。

1.上市准备

（1）按照我国法律法规的规定，发行股票的企业必须是股份有限公司。当企业不是股份有限公司时，必须进行改制或改组。

（2）聘请中介机构。其主要是指聘请有证券从业资格的会计师事务所、律师事务所和有主承销商资格的证券公司，由会计师事务所负责出具审计报告，律师事务所出具法律意见书。需要改制的企业还要由上述中介机构策划、实施重组或改制方案。

2.上市辅导

（1）证券公司负责对拟上市发行股票的企业进行辅导，辅导期为1年。辅导内容主要包括如下内容。

①股份有限公司设立及其历次演变的合法性、有效性。

②股份有限公司人事、财务、资产及供–产–销系统的独立完整性。

③对企业董事、监事、高级管理人员及持有5%（含）以上股份的股东（或其法人代表）进行《中华人民共和国公司法》《中华人民共和国证券法》等有关法律法规的培训。

④建立健全股东大会、董事会、监事会等组织机构，并实现规范运行。

⑤依照股份公司会计制度建立健全企业财务会计制度。

⑥建立健全企业决策制度和内部控制制度，实现有效运作。

⑦建立健全符合上市企业要求的信息披露制度等。辅导期满6个月应在当地省级日报上公告，如企业所在地不在省会城市，除在省级日报上公告外，还需在企业所在地市县日报上公告。

（2）改制辅导调查。对于改制企业，辅导机构对拟上市企业进行辅导的期限满1年后，经辅导机构申请，中国证监会派出机构对拟上市企业的改制、运行情况及辅导内容、辅导效果进行评估和调查，并出具调查报告。

在辅导期间，主承销商应对发行人的董事、监事和高级管理人员进行《中华人民共和国公司法》《中华人民共和国证券法》等法律法规考试。

按照有关规定，辅导有效期为3年，即辅导期满后3年内，拟发行股票企业可以由主承销机构提出股票发行上市申请；超过3年，则须重新聘请辅导机构进行辅导。

整个辅导期间，中国证监会派出机构可根据辅导报告对辅导情况进行抽查。

3.上市申请

拟上市企业和所聘请的证券中介机构，按照中国证监会制订的企业公开发行股票申请文件标准格式制作申请文件，由主承销商推荐向中国证监会申报。中国证监会收到申请文件后在5个工作日内做出是否受理的决定。

4.发行核准

中国证监会发行核准的程序如下。

（1）受理申请文件。发行人按照中国证监会颁布的公司公开发行股票申请文件标准格式制作申请文件，经省级人民政府或国务院有关部门同意后，由主承销商推荐并向中国证监会申报。

中国证监会收到申请文件后在5个工作日内做出是否受理的决定。发行人未按规定要求制作申请文件的，不予受理。同意受理的，根据国家有关规定收取审核费人民币3万元。

如发行人申请作为高新技术企业公开发行股票，由主承销商向中国证监会报送推荐材料。中国证监会收到推荐材料后，在5个工作日内委托中华人民共和国科学技术部和中国科学院对企业进行论证，中华人民共和国科学技术部和中国科学院收到材料后在40个工作日内将论证结果函告中国证监会。经确认的高新技术企业，中国证监会将通知该企业及其主承销商按照公司公开发行股票申请文件标准格式制作申请文件，并予以优先审核。

（2）初审。中国证监会受理申请文件后，对发行人申请文件的合规性进行初审，并在30日内将初审意见函告发行人及其主承销商。主承销商自收到初审意见之日起10日内，将补充完善的申请文件报至中国证监会。

中国证监会在初审过程中，就发行人投资项目是否符合国家产业政策征求国家发改委和国资委的意见，两委自收到文件后在15个工作日内，将有关意见函告中国证监会。

（3）发行审核委员会审核。中国证监会对按初审意见补充完善的申请文件进一步审核，并在受理申请文件后60日内，将初审报告和申请文件提交发行审核委员会审核。发行审核委员会按照国务院批准的工作程序开展审核工作。发行审核委员会进行充分讨论后，以投票方式对股票发行申请进行表决，提出审核意见。

（4）核准发行。依据发行审核委员会的审核意见，中国证监会对发行人的发行申请做出核准或不予核准的决定；予以核准的，出具核准公开发行的文件；不予核准的，出具书面意见，说明不予核准的理由。

中国证监会自受理申请文件到做出决定的期限为3个月。

（5）复议。发行申请未被核准的企业，接到中国证监会书面决定之日起60日内，可提出复议申请。中国证监会收到复议申请后60日内，对复议申请做出决定。

5.上市发行

发行人在获得中国证监会核准的公开发行股票的文件以后，就可以按照核准的发行方案发行股票了。

股票发行的一般程序：

①发布公告；

②发布招股说明书；

③发行股票；

④召开创立大会；

⑤股票上市交易。

6.上市交易

股份有限公司发行股票后，申请股票上市交易时，必须报经中国证监会核准。股票上市交易申请经核准后，发行人即可以向证券交易所提供核准文件及有关文件申请上市交易。证券交易所接到该股票发行人提交的文件之日起，在6个月之内安排上市交易。

由于目前我国实施的是核准制，因此股票发行最为关键的环节是审批环节，即核准环节。

关键点提示

A股股票上市发行的主要环节有：

1.上市准备；2.上市辅导；3.上市申请；4.发行核准；5.上市发行；6.上市交易。

5.6　如何才能满足发行 B 股股票的条件

工作场景描述

当要判定股份公司是否具备发行B股的条件时，可查看。

解读与分析

B股股票是人民币特种股票，它是用人民币标明面值，用外币认购和买卖，在境内（上海、深圳）证券交易所上市交易的股票。发行B股股票是我国企业股票融资的又一重要渠道，同发行A股股票一样，发行B股股票也要满足严格的条件。按照有关规定，应该满足的条件如下。

1.以募集方式设立企业发行B股的条件

（1）所筹资金用途符合国家产业政策；

（2）符合国家有关固定资产投资立项的规定；

（3）符合国家有关利用外资的规定；

（4）发起人认购的股本总额不少于企业拟发行股本总额的35%；

（5）发起人出资总额不少于1.5亿元人民币；

（6）拟向社会发行的股份达到企业股份总额的25%以上，拟发行的股本总额超过4亿元人民币的，其拟向社会发行股份的比例须达到15%以上；

（7）改组设立企业的原有企业或者作为企业主要发起人的国有企业，在最近3年内没有重大违法行为；

（8）改组设立企业的原有企业或者作为企业主要发起人的国有企业，在最近3年内连续赢利；

（9）国务院主管机关规定的其他条件。

2.B股企业增资发行B股的条件

（1）本次增发所筹资金用途须符合国家产业政策、固定资产投资立项和利用外资的有关规定。

（2）企业前一次股票发行（包括增资或配股，下同）已经募足，募集资金的使用与《招股说明书》或《配股说明书》披露内容相符，或其变动已经法定程序批准，并且资金使用效益良好。

（3）企业前一次发行B股的招股说明书公布日，至本次增资发行B股的招股说明书公布日，其间隔时间不应少于12个月，但增资发行B股与前一次发行A股之间的间隔时间可以少于12个月。

（4）近3年内无重大违法行为。

（5）企业章程的内容符合《中华人民共和国公司法》和其他有关规定的要求。

（6）股东大会的召集、召开方式，表决方式和决议内容符合有关法律法规、政策和企业章程的规定。

（7）按照有关法律、法规的规定履行了信息披露义务。

（8）企业近3年连续盈利，并可向股东支付股利。

（9）企业近3年内财务会计文件无虚假记录或重大遗漏。

（10）企业预期的B股增资发行价格或发行价格区间下限不低于该企业发行前每股净资产值。

（11）本次B股增资发行后，外资股在总股本中所占比例未超过企业主管部门、行业管理部门及其他有关部门限定的比例。

（12）国务院证券主管机关规定的其他条件。

需要说明的是，B股的发行程序与A股发行程序基本相同。越来越多的股份公司已经开始重视开拓B股筹资渠道。在有限的资本资源下，如何把握时机，创造条件，尽快发行B股筹资，对于大多数企业来说具有重要的意义。

关键点提示

发行B股的条件包括：

1.以募集方式设立企业发行B股的条件；2.B股企业增资发行B股的条件。

5.7　如何运作境外直接上市外资股票

工作场景描述

当要策划运作境外直接上市外资股票时，可查看。

解读与分析

境外直接上市是指直接以国内企业的名义向国外证券主管部门申请发行股票（或其他金融衍生工具），并向当地证券交易所申请挂牌上市交易。

1.准备工作

（1）提出改组为境外上市企业的申请，并报送国务院证券管理部门批准。一般来说，申请文件要阐述的内容主要为：

①到境外上市的必要性；

②到境外上市的可行性；

③筹资规模的初步设计；

④上市地点、上市方式的初步设计。

（2）开展土地资产评估、资产评估、财务审计及法律方面的调查。企业需由土地评估机构、资产评估机构分别对重组范围内的土地资产及其他资产进行评估，制作评估报告，并报有关部门确认。财务审计机构就企业前3年的财务状况出具审计报告，律师事务所制作企业设立的法律意见书。

（3）申请发起设立股份有限公司。

①完成资产评估、财务审计和重组方案等基础工作。

②地方企业通过省、自治区、直辖市政府，中央企业通过行业主管部门向国务院主管部门申请发起设立股份有限公司。其申请文件包括：

a. 省级人民政府转报关于设立股份有限公司的函件；

b. 企业名称预先核准通知书；

c. 企业资产重组方案；

d. 企业章程草案；

e. 资产评估报告；

f. 资产评估结果确认批复（如需要）；

g. 验资报告；

h. 土地使用权评估报告；

i. 国有土地使用权评估确认及外围方案的批复；

j. 发起人的营业执照；

k. 募集资金运用的可行性报告及涉及国家投资项目的立项批复；

l. 前三年经营业绩审计报告和未来一年盈利预测报告；

m. 有关关联交易协议（草稿）；

n. 律师出具的关于企业设立的法律意见书；

o. 律师出具的关于董事、监事任职资格的法律意见书；

p. 其他有关文件。

2.上市运作

（1）上市申请批准后，召开创立大会，通过企业重要文件，如发起人设立企业的工作报告、企业章程，选举企业董事会及监事会成员。

（2）拟上市企业接受境外交易所上市委员会聆讯。

取得中国证监会的正式批复后，股份有限公司即可向海外交易所提出正式申请，即进入上市聆讯阶段。在此阶段，律师将为海外交易所的聆讯准备以下法律意见：

①关于企业合法设立及招股章程中中国法律法规概要的法律意见书；

②关于企业拥有的物业状况的法律意见书；

③关于企业租赁的法律意见书（如需要）；

④关于企业拟收购的法律意见书（如需要）；

⑤关于企业重组及上市总体法律意见书。

（3）拟上市企业接受境外交易所上市委员会的上市审核。

（4）企业组织上市巡回推介，其包含内容如下：

①企业进行路演；

②企业与保荐人及相关中介机构确定股票发行价格；

③企业与保荐人研究、选择股票发行时机。

（5）企业在境外资本市场上市融资。

（6）企业在交易所挂牌交易，并在境外资本市场进行资本经营。

由以上分析可以看出，境外直接上市的程序较为复杂，需经过境内、境外监管机构审批，成本较高，所聘请的中介机构也较多。毕竟国内法律与境外法律不同，对企业的管理、股票发行和交易的要求也不同。但境外上市具有诸多优点，是中国企业境外融资的主要渠道之一。

关键点提示

境外直接上市的程序主要包括：

1.上市准备；2.上市运作。

5.8 如何科学地确定股票的发行价格

工作场景描述

当发行新股，需要确定股票的价格时，可查看。

解读与分析

根据新股定价的原则，参考国际上和我国新股定价的经验，定价的原理就是使新股的发行价格反映股票本身的价值和市场的供求关系。新股定价可选择以下主要方式。

1.议价法

议价法是指由股票发行人与主承销商协商确定发行价格。发行人和主承销商在议定发行价格时，主要考虑二级市场股票价格的高低（通常用平均市盈率等指标来衡量）、市场利率水平、发行企业未来的发展前景、发行企业的风险水平和市场对新股的需求状况等因素。在用议价法定价时，新股发行价格是在按股票投资价值确定的基础价格之上进行反复修正后确定的。修正的主要依据是行业平均市盈率和路演时投资者对新股价格的反馈信息。在一个有效的资本市场上，平均市盈率水平基本上反映了市场对该类股票的需求状况，路演推介则直接面向市场，以征集市场需求量。从这个角度看，议价法可以看成以股票价值为基础，通过“模拟”市场需求状况来确定新股发行价格。定价的准确性很大程度上取决于主承销商的专业知识和经验。议价法一般有如下两种方式。

（1）固定价格方式。基本做法是由发行人和主承销商在新股公开发行前商定一个固定价格，然后根据这个价格进行公开发售。市场上习惯用的计算公式为：

$$P=A\times 40\%+B\times 20\%+C\times 20\%+D\times 20\%$$

式中，P为新股发行价格；A为企业每股税后纯收益×类似企业最近3年平均市盈率；B为企业每股股利×类似企业最近3年平均股利率；C为近期每股净值；D为预计每股股利/1年期定期存款利率。

在美国，当采用余额包销方式销售时，新股发行价格的确定也采用固定价格方式。

（2）市场询价方式。这种定价方式在美国被普遍使用。在我国，当新股销售采用包销方式时，一般采用市场询价方式。

用这种方式确定新股发行价格，一般包括两个步骤：①根据新股的价值（一般用现金流量贴现等方法确定）、股票发行时的大盘走势、流通盘大小、企业所处行业股票的市场表现等因素确定新股发行的价格区间；②主承销商协同上市企业的管理层进行路演，向投资者介绍和推介该股票，并向投资者发布信息，征集各个价位上的需求量，根据投资者预订股份单的情况，对最初的发行价格进行修正，最后确定新股发行价格。

2.竞价法

竞价法是指由各股票承销商或者投资者以投标方式相互竞争确定股票发行价格的方法。在具体实施过程中，有如下几种形式。

（1）网上竞价，即通过证券交易所的电脑交易系统按集中竞价原则确定新股发行价格。新股竞价发行申报时，主承销商作为唯一的“卖方”，其卖出数量为新股实际发行数量，卖出价格为发行企业宣布的发行底价，投资者作为买方，以不低于发行底价的价格进行申报。

（2）机构投资者（法人）竞价。新股发行时，采取对法人配售和对一般投资者上网发行相结合的方式，通过法人投资者竞价来确定股票发行价格。一般由主承销商确定发行底价，法人投资者根据自己的意愿申报申购价格和申购股数。申购结束后，由发行人和主承销商对法人投资者的有效预约申购数量按照申购价格由高到低进行排序，根据事先确定的累计申购数量与申购价格的关系确定新股发行价格。

（3）券商竞价。在新股发行时，发行人事先通知股票承销商，说明发行新股的计划、发行条件和对新股承销的要求，然后各股票承销商根据自己的情况拟订各自的标书，以投标方式相互竞争股票承销业务，最终中标标书中的价格就是股票发行价格。

可以看出，竞价法是更为市场化的一种定价方法，参加定价的市场主体及其范围较为广泛。

我国的股票定价方式经历了认购证（表）、存单摇号、上网竞价、网下询价结合网上定价发行等不同的方式，定价方式越来越市场化。我们坚信，随着资本市场的不断发展和成熟，定价方式也会越来越科学，越来越合理。

关键点提示

股票定价的方式主要有：

1.议价法；2.竞价法。

5.9 如何成功运作买壳上市

工作场景描述

当股票无法直接上市，需要努力寻找间接上市途径时，可查看。

解读与分析

一般来说，非上市企业的融资渠道和所支配的资源不如上市企业。非上市企业可通过收购上市企业，获得上市企业的控股权之后，再由上市企业收购非上市的控股企业的实体资产，从而将非上市企业的主体注入上市企业中去，实现非上市的控股企业的间接上市。经过这样的操作以后，非上市企业就可以达到间接上市的目的。壳资源的价值主要体现在上市企业具有从证券市场进一步融资的权利。整个程序如下。

1.选择壳企业

壳企业的选取是买壳上市运作的第一步，也是整个过程中至关重要的一环。壳企业选择正确与否，将直接关系到非上市企业的收购兼并是否能够取得最后的成功。壳企业确定的合理性和企业价值与买壳企业的控股成本密切相关。对壳企业的特征分析极为重要。壳企业一般具有如下特征。

（1）规模较小，企业总股本在5000万至7000万股之间，流通股本不大，股价较低。

（2）股权结构较分散，相对控股企业的股权占总股本比例较小，最好在5%以内。

（3）国有股、法人股占股权绝大多数，并且该部分股权相对集中，即股权集中在大股东手中。

（4）企业经营状况不佳，但企业财务结构中负债率不高等。

2.控股壳企业

操作者与拟进行股权转让的法人股所有者及国有资产代表进行谈判接触。该阶段要求操作者对壳企业的现状、交易的价格、买壳后重组的规划成竹在胸，需要选择精干的专业人员参与谈判，因为谈判双方的经验、手段、策略及技巧对交易的成败具有特殊的作用。当然，谈判的结果取决于双方的实力、地位和交易条件。买壳交易的方式主要如下。

（1）股权的有偿转让。股权的有偿转让是指收购企业根据股权协议价格受让壳企业全部或部分股权，从而取得对壳企业控制权的买壳行为。

（2）股权无偿划转。上市企业的股权无偿划转是我国资产重组中的一种特殊交易形式。无偿划转的股权只能是国有股权。

（3）二级市场收购。二级市场收购是指通过收购在二级市场上流通的股份而获得对上市壳企业控制权的行为。

（4）资产置换。在买壳交易方式中，除了现金方式外，还有股权置换和资产置换等方式，即收购方可以用资产和持有的其他企业的股权来换取上市壳企业的股权。在这种方式下，收购方不需要拿出现金，就可获得对壳企业的控制权，同时还可对自己的资产结构进行适当的调整。

3.重组董事会

买壳上市一般采用与大股东协商收购、合并控股权的方式，因此确定了目标壳企业后，就应着手进行与壳企业大股东的谈判协商工作，争取双方能在友好合作的条件下完成收购，以减少收购成本。即使采用二级市场“要约收购”的方式，在收购了壳企业一定比例（在我国为5%）的股权后，收购方也要进行公告，然后和壳企业大股东进行接触、协商，力争“和平收购”。收购方在控股壳企业后，应着手改组董事会，掌握壳企业的决策权。

改组董事会，事实上在控股壳企业的谈判过程中就已经达成了共识，宣布收购完成的同时，董事会也就改组完毕。

4.向壳企业注入优质资产

注入优质资产是收购方培育壳企业的重要手段。置换目标企业不良资产的方式为：一是用新入壳大股东的优良资产置换原不良资产；二是出巨资购置优质资产。需要说明的是，由于买壳涉及大笔资产转移，因而买壳后必须重新制订理财策略。

（1）可将壳企业不符合经营方向或亏损的资产出售，以抵消收购筹资引发的债务，也可在对其资产进行包装后再行出售，套取利润。

（2）当账面上的交易完成后，收购方必须制订较为完善的整合策略并对目标企业进行充分整合，在业务上充分实现收购意图，才能取得买壳的最后成功。企业收购后的整合工作包括企业经营策略的调整和整合策略的实施。其策略涉及对目标企业人员的安置、原有资产的处置、经营政策的调整以及收购后可能发生的转售图利等。

买壳上市是一种复杂的资本运作方式，必须详细策划并认真实施每个环节。特别是壳企业的选择和资产置换，这两个环节是决定买壳上市能否成功的关键。

关键点提示

买壳上市的主要程序有：

1.选择壳企业；2.控股壳企业；3.重组董事会；4.向壳企业注入优质资产。

5.10 如何才能满足上市发行债券的条件

工作场景描述

当要判定是否具备发行债券的资格时，可查看。

解读与分析

发行债券是企业筹集资金的一个重要渠道。《中华人民共和国公司法》和《企业债券管理条例》等相关法律法规对企业发行债券和上市交易的条件做了较严格的规定。本节只阐述企业债券的发行和上市条件。

1.债券发行条件

企业债券的发行主体限于股份有限公司、国有独资公司、两个以上的国有企业设立的有限责任公司和两个以上国有投资主体设立的有限责任公司。企业债券是指企业依照法定程序发行的、约定在一定的期限还本付息的有价证券。企业债券是向社会公众公开发行的，发行企业债券要满足以下条件。

（1）股份有限公司的净资产额不低于人民币3000万元，有限责任公司的净资产额不低于人民币6000万元。

（2）累计债券总额不超过企业净资产额的40%。

（3）最近3年平均可分配利润足以支付企业债券1年的利息。

（4）筹集资金的投向符合国家产业政策。

（5）债券的利率不得超过国务院限定的利率水平。

（6）国务院规定的其他条件。

此外，企业再次发行债券的条件规定，前一次发行的企业债券尚未募足，或已发行的企业债券或者其他债务有违约或者延迟支付本息的事实，且仍处于继续状态的，不得再次发行企业债券。

2.债券上市条件

企业债券发行以后，如果要申请上市交易，则需要具备以下条件。

（1）经国务院授权的部门批准并公开发行。

（2）股份有限公司的净资产额不低于人民币3000万元，有限责任公司的净资产额不低于人民币6000万元。

（3）累计发行在外的债券总面额不超过企业净资产额的40%。

（4）最近3年平均可分配利润足以支付债券1年的利息。

（5）筹集资金的投向符合国家产业政策及发行审批机关批准的用途。

（6）债券的期限为1年以上。

（7）债券的利率不得超过国务院限定的利率水平。

（8）债券的实际发行额不少于人民币5000万元。

（9）债券的信用等级不低于A级。

（10）债券有担保人担保，其担保条件符合法律、法规规定，资信为AAA级且债券发行时主管机关同意豁免担保的债券除外。

（11）企业申请其债券上市时仍符合法定的债券发行条件。

（12）交易所认可的其他条件。

企业债券是一种有价证券，是一种资产凭证。债券的发行要遵守国家有关法律法规的要求。

关键点提示

债券的发行与上市要分别满足：

1.债券发行条件；2.债券上市条件。

5.11 如何确定债券的发行价格

工作场景描述

当需要确定债券的发行价格时，可查看。

解读与分析

债券的发行价格是发行企业或承销机构发行债券时所采用的价格，也就是债券第一次发售的价格。发行价格与票面价格不同，票面价格可以简单地理解为每张债券的面值，就写在券面上。票面价格的重要性体现在：一是它的总和就是本金；二是它与票面利率的乘积就是投资者的利息收入。由于利率的不确定性，债券的发行价格一般不等于票面价格。

企业在发行债券时，需要根据各种因素确定债券的发行价格。

1.影响债券发行价格的因素

（1）票面价格。这是决定债券发行价格最基本的因素，一般票面价格越高，发行价格就越高。

（2）票面利率。它是债券票面上事先确定的名义利率，通常在发行债券以前就已经确定，并注明在债券的票面上。票面利率分为固定利率和浮动利率两种。一般地，企业应根据自身资信情况、承受能力、利率变化趋势、债券期限的长短等决定选择何种票面利率。

（3）市场利率。市场利率与票面利率不一样，是指债券发行时资金市场上的实际利率。债券票面利率与市场利率越接近，则发行价格越接近票面价格。如果市场利率大于票面利率，则发行价格会小于票面价格。

（4）债券期限。债券期限越长，债券购买人的风险越大，要求的利息报酬就越高，其发行价格可能就越低；反之，债券期限越短，其发行价格可能越高。

（5）债券选择权。附有选择权的企业债券是指在发行中，发行者给予持有者一定的选择权的债券，如可转换企业债券、有认股权证的企业债券、可退还的企业债券等。一般来说，附有选择权的债券利率较低，易于销售，如可转换企业债券，在一定条件下可以转换成企业发行的股票；有认股权证的企业债券持有人可凭认股权证购买所约定的企业的股票等，因而会影响到企业的所有权；可退还的企业债券在规定的期限内可以退还给发行人，因而增加了企业的负债和流动性风险。企业可根据自身资金需求情况、资信状况、市场对债券的需求情况以及现有股东对企业所有权的要求等选择是否发行有选择权的债券。

由于此类债券具有选择权，因此股票的发行价格会较高。

2.债券发行价格的确定

从资金时间价值的角度来看，债券的发行价格由两部分构成：一部分是债券到期还本面额按贴现率折现的现值；另一部分是债券各期利息的现值。

确定债券发行价格时，一般有平价、溢价和折价三种方法。平价（等价）是指以债券的票面金额为发行价格，这是较常采用的方法；溢价是指按高于债券面值的价格发行债券；折价是指按低于债券面值的价格发行债券。

溢价或折价发行债券，主要是由债券的票面利率与债券发行时的市场利率不一致造成的。债券的票面利率在债券发行前即已参照市场利率确定下来，并标明于债券票面，无法改变，但市场利率经常发生变动。在债券发售时，如果票面利率与市场利率不一致，就需要通过调整发行价格来调整债券购销双方的利益。确定发行价格时，考虑的主要因素是使投资者得到的实际收益与市场收益相近。

发行价格一般都是发行者根据预期收益率计算出来的。其计算公式如下：

（1）单利计息一次性还本付息的附息债券的计算公式

$$发行价格=\frac{票面价格+年利息\times期限}{1+收益率\times期限}$$

（2）复利计息多次提息的附息债券的计算公式

$$P=\sum_{t=1}^{N}\frac{C}{(1+r)^{t}}+\frac{M}{(1+r)^{N}}$$

式中，P为发行价格；C为每个提息期的利息；N为付息次数；M为票面价格；r为预期收益率，即贴现率。

（3）贴息债券发行价格的计算公式

$$发行价格=\frac{票面价格}{(1+年收益率)^{期限}}$$

显然，票面利率与市场利率之间的差异决定了发行价格与票面价格之间的差异。但是，一定要清楚两种价格与两种利率之间的关系。

关键点提示

债券发行价格的定价公式有：

1.单利计息一次性还本付息的附息债券的计算公式；2.复利计息多次提息的附息债券的计算公式；3.贴息债券发行价格的计算公式。

5.12 如何选择企业债券发行的方式

工作场景描述

当决定进行债券融资，要正确选择债券的发行方式时，可查看。

解读与分析

债券发行方式是指企业在债券发行市场上销售债券的方法。债券发行方式有不同的分类方法，企业可根据市场情况、自身信誉和销售能力等因素选择采取向特定投资者发行的私募方式还是向社会公众发行的公募方式；是自己直接向投资者发行的直接发行方式还是让证券中介机构参与的间接发行方式；是公开招标发行方式还是与中介机构协商议价的非招标发行方式等。各种发行方式的特点如下。

1.公开发行和私募发行

根据企业发行债券对象的不同，发行方式可分为公开发行与私募发行。

（1）公开发行是没有特定发行对象，社会公众都可以购买债券的发行方式。其特点是：发行者要公开企业财务状况，要接受证券机构的资信评定，资金筹集额较多，发行期限长，具有较好的流动性，等等。

（2）私募发行是债券只针对特定的认购者发行的发行方式。特定对象通常是指与发行者有密切关系的发行对象，包括个人投资者以及与发行单位有密切业务往来的企业、金融机构或机构投资者等。其特点是：发行者不需要到管理机关办理发行注册手续，发行成本较低等，但是私募债券不能上市公开交易。

2.直接发行和间接发行

根据是否有中介介入，债券发行可分为直接发行和间接发行。

（1）直接发行是指发行者直接向投资者销售债券而不需要委托证券发行机构。其基本特点是：节约发行费用，成本较低。其缺点是：发行数量受到限制，很难大额发行，而且需要专门的证券人才，操作难度较大。

（2）间接发行是指发行者通过中介机构发行，包括代销、余额包销和包销三种形式。代销也叫代理发行，是指中介机构并不垫付资金，只按协议规定的条件推销债券，向发行者收取手续费。余额包销，是指中介机构在代销的基础上，和发行者签订助销合同，中介机构全部买进代销不掉的剩余债券，或按此额度向发行者贷款，发行风险由中介机构承担。包销，是指中介机构先用自己的资金全部买进发行者的待发债券，再按市场价格转售给投资者。

3.招标发行和非招标发行

根据发行条件和投资者的决定方式不同，债券发行可分为招标发行和非招标发行。

（1）招标发行又叫公开招标，是由发行者先公布发行债券的内容和销售条件，在规定的开标日期进行公开开标。招标一般又分为价格招标、缴款期招标和收益率招标。

目前在国债发行招标中，价格招标和收益率招标可以分为荷兰式和美国式两种方式。

①荷兰式招标的特点是当标的为利率时，最高中标利率为当期国债的票面利率；标的为利差时，最高中标利差为当期国债的基本利差；标的为价格时，最低中标价格为当期国债的承销价格。

②美国式招标的特点是当标的为利率时，全场加权平均中标利率为当期国债的票面利率，各中标机构依各自及全场加权平均中标利率折算承销价格；标的为价格时，各中标机构按各自加权平均中标价格承销当期国债。

（2）非招标发行又叫协议发行，指发行者与承销商直接签订协议发行债券。

4.平价发行、溢价发行和折价发行

按照票面价格与发行价格的关系，债券发行分为平价、溢价和折价三种类型。

（1）平价发行是指发行价格与票面价格相同。

（2）溢价发行是指发行价格比票面价格高。

（3）折价发行是指发行价格比票面价格低。

需要强调的是，企业发行债券有一定的风险，而发行时机对此有较大的影响。因此，在选择债券发行方式时，企业一定要结合宏观经济形势、资本市场供求情况、企业资金需要程度等进行全面权衡。

关键点提示

债券的发行方式主要分为：

1.公开发行和私募发行；2.直接发行和间接发行；3.招标发行和非招标发行；4.平价发行、溢价发行和折价发行。

5.13　如何科学安排债券期限

工作场景描述

当需要确定合理的债券期限时，可查看。

解读与分析

基于对市场环境、企业自身状况的分析和判断，选择一个科学合理的债券期限，对于债券的成功发行极为重要。企业债券有短期、中期和长期之分。根据我国的划分方法，短期企业债券的期限在1年以内，中期企业债券的期限在1年以上5年以内，长期企业债券的期限在5年以上。确定债券期限的因素如下。

1.投资项目性质

确定债券期限的一个主要依据是投资项目的性质。如果是为生产性建设项目筹资而发行债券，因为建设的周期较长，资金的占用量较大，所以发行债券的期限就应该长一些，比如重大的水电、交通、通信等大型基础设施建设。此类建设性项目还本付息主要是在项目投产以后，靠未来的盈利或者现金净流入，因此债券的期限要长一点，最好能覆盖整个项目的建设周期。

如果企业是为了生产技术改造而筹资，由于资金需求量较小，改造周期较短，债券的发行期限可以短一些。技术性的投资项目包括新设备的引进和新技术的研发等项目。

2.企业自身财务状况

如果纯粹是为了解决企业暂时的财务现金头寸紧张，并且预计在短期内就会有大量的资金回笼，也就是为了补充暂时性流动资金而发行债券，那么发行的期限可以是几个月。债券期限长短要和财务结构相联系，或者说将整个债务的设计纳入财务计划。

3.债券市场发育程度

如果债券市场非常发达，债券的流动性好，有成熟的投资群体，特别是大量的机构投资者，则可以考虑发行长期债券。如果债券市场不发达，发行困难大，债券流动性差，债券发行者就应尽量发行短期债券，以增加对投资者的吸引力。

4.投资者的成熟程度

发行债券期限长短要适应社会公众和投资者的投资心理。如果社会投资者的投资意识较强，有积极的投资意识，也就是说投资者的成熟度较高，那么企业可以发行长期债券。反之，如果投资者思想保守，对长期债券顾虑大，有强烈的风险厌恶情绪，那么应该考虑发行短期债券。

投资者中的机构投资者数量是决定债券市场发展的重要因素，我国目前缺少足够的成熟的机构投资者。国外市场上机构投资者的投资一般占企业债券总投资额的60%~70%，我国的机构投资者比例明显偏低。

5.社会居民储蓄

社会居民储蓄投向对债券期限也有很大影响。如果社会居民消费已得到较好的满足，有较大储蓄额，那么在这种情况下，发行回报率较高的长期债券对投资者就具有很强的吸引力。反之，如果居民基本生活条件不稳定，或者居民生活不确定性增大，把钱都用作日常支出，那么这种情况下适宜发行短期债券。

债券期限的合理安排是一项重要的工作，也是一项复杂的工作，其关系到债券融资的成本和企业未来发展过程中的预期现金流量结构。只有全面考虑相关的影响因素，企业才可以做出科学的期限结构安排。

关键点提示

科学安排债券期限时所必须考虑的因素有：

1.投资项目性质；2.企业自身财务状况；3.债券市场发育程度；4.投资者的成熟程度；5.社会居民储蓄。

5.14　如何让企业债券获得好的债券评级

工作场景描述

当要使企业债券获得理想的评级时，可查看。

解读与分析

债券评级，就是对债券的资信评级，是指某一特定机构对债券到期还本付息的履行能力或风险程度所做出的评定。获得好的评级，非常有利于企业未来的发展，使企业较易得到更多的融资。债券评级注重的主要内容如下。

1.企业规模

在债券等级评定中，规模大的企业，产品的市场占有率高，产品的档次高、质量高，技术手段先进，销售网络完善，这些优势可使其在产业不景气时，能够把损失降到最低限度，与同行业其他企业相比有抵抗各种风险的能力。

但是规模大的企业，其经营并不都是稳定安全的。规模大的企业一般是成熟的企业，大都缺乏向技术开发要效益、向新领域开拓的创新精神，创新力不够。故并不是所有的大企业都可以获得高的债券评级。规模小的企业，虽没有多元化的业务，风险较大，但是可能具有高科技实力，有较强的竞争力和较高的收益。这样的企业也可以获得较高的评级。

2.资产价值

资产价值的大小和资产变现能力是重要的评定依据。收益大的资产，不仅对债务的支付有帮助，还可以改善财务的各项指标，减轻利息负担等，具有提高收益率的作用。如果这些资产可以迅速变现，可以进行合理、科学的投资或者进行新领域的开拓，那么资产价值的可利用性较高，这也正是债券评级所要反映的内容之一。

3.获利能力

评价企业获利能力时，在掌握企业的经营业绩现状的同时，把握业绩的动向是关键。因为，要考虑到经营管理上的诸多风险，如了解企业本利金支付的程度、经营指标往口哪个方向变化及企业获利能力的重点在哪里等。

（1）所属产业的特性。企业所属的是成长性产业还是衰退性产业，对企业将来的业绩有很大的影响。成长性产业具有巨大的增长潜力，市场潜在需求大，技术创新速度快，企业可以获得好的发展机会；衰退性产业由于受技术落后、产品需求饱和等因素的影响，企业很难有较大的发展机会。像这样对企业所属产业进行分析和评价，可以正确理解企业的经营现状，预测企业未来发展，从而科学地做出对债券的评定。

（2）在行业中的地位及竞争力。即使企业处在较高成长性的产业中，由于市场竞争较激烈，如果没有很好的市场占有率或技术优势，同样会面临失败。相反，即使处于衰退性产业中，如果市场占有率较高，经营稳定，也会获得较好的评级。比如说，和公众关系密切的基础产业虽然不是成长性产业，但是由于这类企业一般是政府投资的，有特定的营业领域，经营上的风险相对较小，因此也可以获得高的评级。

4.经营能力

通过对企业的资产流动性、负债比率等几个方面的判定和比较来对企业的经营能力进行评估。

（1）资产流动性分析。资产流动性分析就是从资金周转的角度衡量企业的偿债能力和生产经营能力。分析中主要考察的内容如下。

①流动资产与流动负债比例，即流动比率。这一比例的大小，反映了企业用流动资产抵偿流动负债的能力。

②迅速变现资产比例，即速动比率。这一比例的大小，反映了企业用现金和其他可迅速变现资产偿还流动负债的能力。

③现金和视同现金资产比例。这反映了说明企业用现金和视同现金资产偿还债务的能力。一般来讲，该比例达65%以上，企业债券可以取得AAA级；如在45%～55%之间，可以得到AA级；在35%～40%之间，一般被定为A级；在25%～30%之间，则会取得BBB级。

（2）负债比率分析。负债比率分析就是从企业负债总量和负债结构的角度，衡量偿债能力和盈利水平。分析中主要考虑以下内容。

①资产负债率。这个比例反映企业的债务负担占全部资产的比重。

②流动负债占全部负债的比例。

③全部负债占企业全部自有资本比例。

④纯资产对长期负债比例。其中：

纯资产＝总资产－无形资产－流动负债

这一比例在企业债券评级中相当重要，它说明企业资产对长期负债的偿还能力。一般来说，1元长期负债有5元以上的纯资产相对应，可以取得AAA级；1元长期负债有4元以上的纯资产相对应，可以取得AA级；1元长期负债有3～3.5元纯资产相对应，可以取得A级；1元长期负债有2.5元纯资产相对应，可以取得BBB级。

⑤长期负债占企业全部自有资本比例。这个比例在企业债券评级中相当受重视，它说明长期负债在企业全部自有资本中的比重。一般来讲，该比例在25%以下可得到AAA级，30%左右可以得到AA级，35%左右可以取得A级，40%左右则属于BBB级。

5.担保状况

良好的经济担保是企业获得高的债券评级的重要保证之一。担保可以使债券的信用获得提升，尤其是在企业资产证券化的过程中，信誉良好的经济担保是债券市场所要求的。

债券评级是一项非常庞杂的系统性工作，但是，企业只要清楚地了解了债券评级的主要内容和关键指标，就可以合理应对债券的等级评定，从而获得更高的资信等级水平。

关键点提示

在科学应对债券等级评定时，要充分注意以下因素：

1.企业规模；2.资产价值；3.获利能力；4.经营能力；5.担保状况。

5.15　如何运作发行企业可转换债券

工作场景描述

当要拓宽融资渠道，运作发行可转换债券时，可查看。

解读与分析

企业可转换债券是指在一定时间之后可以依据约定转换成股票的债券。发行可转换债券的程序如下。

1.发行准备

（1）上市企业发行可转换企业债券，应先具备以下条件。

①近3年连续盈利，净资产收益率达到《可转换公司债券管理暂行办法》规定的标准，在行业中具有竞争优势，且近3年表现出较强的成长性，并且在可预见的将来有明确的业务发展目标及有较大发展潜力。

②募集资金投向符合国家产业政策且具有较好的投资回报预期。前次募集资金的使用与原募集计划一致。如果改变前次募集资金的用途，应当依法定程序获得批准。

③可转换企业债券发行后资产负债率不高于70%，累计债券余额不超过企业净资产额的40%。

④企业具有较强的偿债能力，最近3年平均可分配利润足以支付可转换企业债券1年的利息，可转换债券到期时有足够的现金支付债务。

⑤可转换企业债券的利率不超过银行同期存款的利率水平。

⑥可转换企业债券的发行额不少于人民币1亿元。

⑦企业主营业务突出。

⑧企业上市以来运作规范，具有健全的内部治理结构，企业章程及近3年修改符合《中国人民共和国公司法》和《上市公司章程指引》等有关规定，企业股东大会、董事会、监事会具有健全的议事规则，近3年股东大会、董事会、监事会会议的召开及有关决议不存在重大不规范行为。

⑨企业与控股股东在业务、资产、人员、财务及机构等方面做到各自独立，具有独立完整的供应、销售系统和面向市场独立经营的能力。可转换企业债券发行前不存在企业资金、资产由股东单位占用的情况，或存在明显损害企业利益的重大关联交易的情况。

⑩企业管理层素质良好，具有较强的管理能力和创新能力。

⑪企业近3年信息披露符合有关规定，未发生虚假记载、误导性陈述和重大遗漏的情况。

⑫中国证监会规定的其他条件。

（2）企业发行可转换企业债券时，股东大会应对发行额、转股价格及其调整原则、债券利率及其确定原则、向原股东配售的安排等事项做出决议。

（3）符合发行可转换企业债券条件的企业，股东大会做出发行决议后，向中国证监会申请核准。

（4）负责发行的主承销商应参照股票发行的有关规定做好尽职调查，提供尽职调查报告，对可转换企业债券发行申请文件进行核查。有关核查的程序和原则参照股票发行核查工作的程序和原则。主承销商应列表申报进行核查的内容和结论。

2.提出申请

（1）企业申请发行可转换企业债券时，应由主承销商向中国证监会报送推荐意见，并按照上市企业发行可转换企业债券的相关要求报送申请文件。

（2）中国证监会收到发行申请文件后，在5个工作日内做出是否受理的决定。

（3）中国证监会直接组织或委托主承销商对发行人董事、监事及高级管理人员进行《中华人民共和国公司法》《中华人民共和国证券法》《可转换公司债券管理暂行办法》以及可转换企业债券等基本知识考试。应试人员须80%以上考试合格。

（4）中国证监会受理申请文件后，对发行人申请文件的合规性进行初审，并在30日内将初审意见书面通知发行人及其主承销商。

（5）中国证监会对初审意见要求补充完善的申请文件进一步审核，并在受理申请文件60日内将初审报告和申请文件提交发行审核委员会审核。依据发行审核委员会的审核意见，中国证监会对发行人的发行申请做出核准或不予核准的决定。中国证监会自受理申请文件到做出决定的期限为3个月。

（6）发行申请未被核准的企业接到中国证监会书面决定之日起60日内可提出复议申请，中国证监会收到复议申请后60日内对复议申请做出决定。

3.进行公告

企业及其主承销商应当在承销期前2～5个工作日在中国证监会指定报刊刊登可转换

企业债券募集说明书及发行公告。若对核准后的可转换企业债券募集说明书做出修改，应当事先征得中国证监会的同意。如有实质性修改，相关人员应当重新向中国证监会提交申请，并在获得核准后再次公告。

4.上市发行

（1）可转换企业债券参照A股的上网定价发行办法或者中国证监会同意的其他方式发行，费用及利息的处理参照股票发行的有关规定。

（2）上市企业发行可转换企业债券时，可以向社会公开募集，也可以向原有股东配售，具体配售数量、比例和方式由发行人与主承销商协商确定。

（3）承销期满后，尚未售出的可转换企业债券按照承销协议约定的包销或者代销方式分别处理。

（4）采用代销方式时，如果发行的可转换企业债券超过募集说明书规定的截止日期尚未募足1亿元人民币，发行人应当于发行截止日后的3个工作日内按照认购金额，并加算银行同期存款利息返还给可转换企业债券认购人。

（5）可转换企业债券的承销佣金应参照股票发行的有关规定执行。可转换债券实际上是债券和转股看涨期权的混合体，因此它具有两种基本属性，即债券性和期权性。可转换债券属于企业债券的一种，可以说是企业债务的特殊形式。可转换债券是资本市场重要的融资工具。

关键点提示

可转换债券的发行要经过以下程序：

1.发行准备；2.提出申请；3.进行公告；4.上市发行。

第6章

商业信用融资管理

商业信用融资是在市场经济发展过程中，由于企业产品链条和资金链条不衔接而产生的直接融资形式。在西方经济中，信用融资管理作为重要的融资管理内容，已经融入企业日常运营体系中，成为经营决策的重要组成部分。

近年来，随着我国市场经济的深化和经济基础环境的不断改善，商业信用融资蓬勃发展起来，并且发挥出了巨大的作用。

6.1　如何利用商业票据融资

> **工作场景描述**
>
> 当要判定是否具有利用商业票据融资资格时，可查看。

解读与分析

商业票据是指由出票人依法签发的、约定自己或委托付款人在见票时或指定的时期向收款人或持票人无条件支付一定金额并可转让的有价证券。商业票据作为衔接商业银行和企业的短期资金融通工具，在一国的货币市场中占有重要的地位。

1.票据发行的条件

利用商业票据，企业可以直接从货币市场上筹集到短期资金。但是并非任何企业都可以通过发行商业票据筹资。发行商业票据筹集资金必须具备以下条件。

（1）企业法人或其他经济组织，依法从事经营活动。

（2）在商业银行开立结算账户或存款账户。

（3）资信状况良好，具备到期履行债务能力，与委托承兑人（支付人）具有真实的委托付款关系。

（4）具有商业银行最优惠利率的授信额度。

（5）产品有市场，生产经营有效益，不挤占挪用信贷资金，恪守信用。

（6）符合中国人民银行规定的签发商业票据条件，取得签发资格。

（7）信誉卓著，财力雄厚，有支付期票金额的可靠的资金来源并保证支付。

（8）信用等级要达到一定级别以上，资产负债率不高于规定比例。一般来说，年销售收入要大于5000万元，且最近3年连续赢利；已签发的商业汇票均已按期承付，无不良信用记录。

（9）短期资金需求量大，筹资数额大。

2.无效票据的界定

一般情况下，企业具备上述条件时就可以签发商业票据。但是合格的商业票据必须记载法定事项。按照《中华人民共和国票据法》的规定，缺少下列任何一项的商业票据即为无效票据：

（1）票据种类的记载，如汇票、本票、支票等；

（2）票据的金额；

（3）票据收款人的记载；

（4）年月日的记载；

（5）出票人记载和签章。

商业票据可以自由方便地背书、转让，在短期融资业务中具有较大的潜力，在货币市场中扮演着重要的角色。

关键点提示

利用商业票据融资时需要了解：

1.票据发行的条件；2.无效票据的界定。

6.2 如何利用应收账款融资

工作场景描述

当要运用应收账款进行融资时，可查看。

解读与分析

应收账款对于企业来说，是一种经济资源的占用和浪费。当发生应收账款后，如果一定时期内无法有效催收，企业就应该积极想办法对其加以利用。目前，西方国家流行一种利用应收账款融资的方法，它在直接有效地规避应收账款所带来的风险的同时，可以迅速地低成本筹集企业所需的资金，开辟了企业融资的新渠道。这种融资新途径，对于我国企业有着重要的借鉴意义。

利用应收账款融资主要有两种方式：应收账款抵押借款和应收账款让售。

1.应收账款抵押借款

应收账款抵押借款是指持有应收账款的企业与信贷机构或代理商订立合同，以应收账款为担保品，在规定的期限内以一定额度为限借用资金的一种融资方式。合同明确规定，信贷机构或代理商借给企业资金所占应收账款的比例，一般为应收账款的70%～90%不等。借款企业在借款时，除以应收账款做担保外，还需按实际借款数据出具标据。如果作为担保品后应收账款中某一账款到期收不回来，银行有权向借款企业追索。

2.应收账款让售

应收账款作为企业特有的一种债权，一种财务资产，可以进行转让。应收账款让售是指企业将应收账款出让给信贷机构，筹集所需资金的一种方式。企业筹措的资金根据销售发票金额减去允许客户在付款时扣除的现金折扣、信贷机构收取的佣金以及在应收账款上可能发生的销售退回或折让后的余额来确定。扣存款占的比例由双方协商确定，一般为10%左右。

应收账款让售后，若出现应收账款拖欠或客户无力清偿的情况，则企业无须承担任何责任，信贷机构不能向企业追索，只能自己追索或承担损失。

（1）应收账款让售标准。

①让售方放弃对应收账款未来经济利益的控制。

②被让售方既可以是指定的受让人（如企业法人或个人），也可以是有资格作为专业主体的机构（如信贷机构）。

③通过双方权利与义务的协议，让售方不再保留下列权利：在应收账款到期前，以相同的条件以及固定的或可固定的价格重新购入或赎回账款。

（2）应收账款让售的优势。

让售相当于一种销售行为，要确认损益。让售方式在转移收款权利的同时，也转移了坏账风险。当然，企业在转移权利的同时，又转移了风险，还可以通过转让来融通企业经营所需要的资金。

企业适宜地转让应收账款，既避免了风险又融通了资金，可以化被动受制为主动出击，化不利因素为有利因素，其优势主要表现如下。

①通过让售应收账款，可以迅速筹措到短期资金，以弥补临时性短缺，且这种融资无须增加企业负债。同时，通过转让可加速资金周转，其所带来的收益可弥补交付的融资费用，其实际成本往往低于商业银行贷款。

②应收账款的及时变现，清除了坏账隐患，减少了信用调查及应收账款的闲置成本。

③企业通过让售应收账款，可以利用代理机构及保收商的优势收回账款，使应收账款的变现更及时、更有效。

在策划运用应收账款融资时，要特别注意结合企业自身的特点进行决策。首先确定是否采用应收账款融资，然后参照上述介绍，决定采用何种形式，最终要达到最优的融资结构和融资水平。

关键点提示

企业采用应收账款融资的方式主要有：

1.应收账款抵押借款；2.应收账款让售。

6.3 如何利用存货融资

工作场景描述

当要运用存货进行融资时，可查看。

解读与分析

存货是一种具有高变现能力的资产，尤其适于作为短期借款的担保品。企业利用存货融资，就是以不能马上变现的存货为担保品或抵押品，进行短期融资。存货不能马上变现的原因多种多样，影响因素主要有销售季节、地区和产品品种等，但这并不意味着存货没有市场。存货融资就是以存货来获得短期贷（借）款，它有以下三种基本形式。

1.存货担保借款

存货融资借款时，理想的担保品应该具有易于变现的特点，这意味着存货必须有现存的市场。企业在急需资金而存货又不能马上变现时，会以存货为担保品直接提出融资请求。借款人通常会在考虑了存货的可售性、易腐坏性、市价的稳定性等因素之后，判定出售该存货抵偿借款的难易程度，决定其所愿意预支的借款额度。

因此在融资时，融资人需要将存货的可售性、易腐坏性、产品市价的稳定性等有关状况向借款人说明，或者出具可信的文字材料。这样融资人才能掌握融资的主动权，才能获得理想的存货担保借款。

2.保留所有权的存货抵押

保留所有权的存货抵押贷（借）款有三种形式：一揽子存货留置权抵押贷（借）款、信托凭证借款和信托收据借款。在这三种方式下，借款方都保留了存货的所有权。

（1）一揽子存货留置权贷（借）款。一揽子存货留置权给予债权人留置债务人所有存货的权利，主要分为两种形式。

①浮动留置权。借款企业可以其一般存货为担保品，而浮动留置权，则是指债权人在一定范围内拥有对企业全部资产的索偿权。这种留置权过于概括，常使贷款人难以处理，无法对该担保品施以严密的控制。浮动留置权可用于应收账款及存货，这样，使得借款人对债务人企业流动资产的重要部分均具有留置权。

②动产抵押。存货以连续编号或其他方法予以个别识别，这是典型的严格的一对一抵押。虽然存货所有权在借款人一方，但借款人会对特定的存货拥有留置权。由于具有一对一抵押的严格要求，动产抵押一般不适用于存货周转快的动产，对某些固定资产（如机械工具等）却较为适用。

（2）信托凭证借款。信托凭证是让债务人替债权人保管特定存货的一种机制。汽车经销商通常就是利用信托凭证来进行筹资的。

信托凭证中的“信托”是指委托管理财产的所有权，通常包括三方面的关系：一是信托人或赠予人；二是受益人；三是法定财产持有人，即受托人。信托凭证借款方法要求将所有成为担保品的存货均记录在信托凭证借款的协定中，银行仅仅对协定中列明的存货拥有留置权。银行可对企业的有关资料进行审核，防止在没有按规定还款的情况下动用担保品。

（3）信托收据借款。此法被西方汽车经销商、设备经销商等广泛运用。假设一汽车制造商交运汽车给经销商，然后，经销商向一金融企业借款支付汽车款，在信托收据协议之下，金融企业会给制造商所交运汽车的货款，经销商则签发一张信托收据担保合约给金融企业，并在合约上说明金融企业可对该批汽车做何处置。汽车经销商可以出售汽车，但必须将出售汽车所得价款转移给金融企业，以偿还其借款。

3.不保留所有权的存货抵押

不保留所有权的存货抵押融资又称仓货物筹资。在这种融资方式中，公开经营的仓储企业（专门从事存货管理的独立企业）扮演一个控制机构的角色，替债权人监督存货。不保留所有权的存货抵押有两种形式：终点仓单借款和场地仓单借款。

（1）终点仓单借款又称分开仓单借款。仓单指仓库为借款企业开具的证实其拥有该批存货的书面证明。在终点仓单借款情况下，存货场地不能由借款企业选择。

（2）场地仓单借款。场地仓单借款方式允许借款企业选择存货的存放地点，并以该存货为抵押品取得借款。

企业利用存货进行融资，主要是利用存货在一定时期之后能够变现的特点。企业要保证存货在抵押期间不会发生贬值、转移和毁坏等情况，这也是企业利用存货进行融资的核心保证条件，保证方式的不同也就导致了存货融资方式的不同。

关键点提示

企业采用存货融资的方式主要有：

1.存货担保借款；2.保留所有权的存货抵押；3.不保留所有权的存货抵押。

6.4　如何利用预收账款融资

工作场景描述

当要运用预收账款进行融资时，可查看。

解读与分析

预收账款融资是指企业利用自己的信用进行一定程度的融资，即利用预收产品或服务的部分或全部账款，以延后交付产品或服务的方式获得一笔短期的资金，从而能够在一定时间内满足企业的资金需求。

这种融资方式主要发生在生产商与批发商之间。经过双方协商，生产商可预收一部分或者全部货款。从批发商角度看，对一些供不应求的紧俏商品，特别是高档消费品，如果生产商保证在一定时间内向其提供物美价廉的产品或超值的服务，并在价格上给予相当于存款利息的优惠，其乐于将部分或全部货款先行支付，作为定金订购商品。双方的互惠关系表现为：批发商得到了更大的利益，生产商则扩大了产品销路，有计划地以销定产，提高资金利用率，促进了生产发展。

1.预收账款融资的条件

因为要先交钱后交货，预付款单位和个人处于单边风险暴露状态，所以这种融资方式要求企业具有高信誉。具体来说，企业要具备下列条件。

（1）企业信用等级高，重合同，守信用，并且无违约历史。

（2）企业经营效果好，产品质量过硬。

（3）按照自己提供产品和服务的能力来实施订货计划，避免预收账款的产品和服务数量超过自己的供给能力，即要以生产能力为订货收款的上限数额。

（4）制订科学的生产计划，保证动力、原料、燃料等因素不影响生产。

（5）按时按量交付合格的货物或提供服务，避免样品质量与供货产品不一致。

（6）购销双方应签订合同，并由公证机关公证，从法律上保障购销双方特别是预付款方的合法权益。

预收账款融资的程序较为简单。首先，购货方看样品或者样品说明书，如果愿意购买，双方签订购货合同（一式两份），购货方与销货方各存一份；然后，收取预收账款，开具预收账款证明。

2.预收账款融资合同的主要内容

对于预收账款融资而言，重要的一点就是预收账款合同的内容和样式。由于购买者存在单边风险，在一定时期以后企业才会交付货物或服务，容易发生一些纠纷和争议，因此，预收账款融资合同必须以书面合同的形式确定双方的义务和权利。合同主要包括以下内容。

（1）购销双方名称及联系方式。

（2）标的（购销商品或服务名称）。

（3）数量与质量，包括分类名称和代号。

（4）商品或服务的价格。

（5）预收账款数额。

（6）交货日期、地点和方式。交货方式有购货者自提和供货者送货上门两种方式。一般情况下，采用供货者送货上门的方式。

（7）违约责任，具体包括延期交货责任、产品质量保证责任、数量短缺责任等。如出现这些违约事项，责任在销货方的，销货方应向购货方赔偿损失；如购货方要求退款，应当予以退款。如购货方延期提货，销货方可按照合同规定提取保管费。

（8）合同公证、仲裁机关及担保单位。合同要经过公证机构的公证，双方要约定一个仲裁机关，预收款方还要提供担保单位的证明文件。

显然，预收账款融资是一种先融资后生产的经营方式。这种融资方式也是一种应急措施，一般用于解决短期资金不足或季节性资金不足问题，具有暂时性、季节性等特点。这种融资方式尤其适用于生产的季节性较为明显的企业，比如羽绒服、饮料生产企业等。采用预收账款融资方式时，双方一定要签订规范的经济合同，以保证双方的利益。

关键点提示

当运用预收账款融资方式时，应注意：

1.预收账款融资的条件；2.预收账款融资合同的主要内容。

6.5　如何运用应付账款融资

工作场景描述

当要运用应付账款进行融资时，可查看。

解读与分析

赊购款是企业因赊购货物而暂时未付的款项。在比较发达的市场经济条件下，绝大多数购买者都不需要在收到货物时就付款。供货商通常会给予购买者一段较短的延付期限，即给予一定的商业信用，这里称赊购为应付账款融资。应付账款融资有两层含义，一是在还款期内还上款项，以享受现金折扣；二是放弃现金折扣，占用资金，不归还款项。这就涉及两者之间的选择问题。

1.应付账款的保证

（1）赊购者信誉。应付账款对于赊销者来说具有一定的风险，即如果赊购者不付账款，出现违约情况，赊销者就会受到损失。因此，赊购者应具备很好的信誉。最起码，赊销者认为赊购者是值得信赖的。

（2）开具商业票据。一般来说，赊销方会要求赊购方开具一张定期付款的商业票据，以增加对赊购者的约束。

（3）应付账款融资也是有成本的。这是因为应付账款的数额往往会比现金交易时的数额大。赊销者为了使赊购者尽快付款，往往规定一些提前还款的优惠条件，例如给予一定的货款现金折扣，如果超过规定时间，赊购者就不再享受优惠条件了。因此，利用应付账款融资时，赊购者要衡量自己是否放弃优惠条件。这就需要计算应付账款放弃现金折扣的成本。

2.放弃现金折扣的成本

应付账款具有付款期、折扣期等信用条件。根据应付账款的最终付款期，我们可以将商业信用分为如下三种。

（1）免费信用，是指买方企业在现金折扣期内享受的商业信用。

（2）有代价信用，是指买方企业在现金折扣期满后的信用期内付款，以丧失现金折扣为代价所取得的商业信用。

（3）展期信用，是指买方企业在信用期后付款，以丧失企业信用为代价所强制取得的商业信用。

有代价信用的成本，可以用放弃现金折扣的成本表示：

$$\text{放弃现金折扣的成本}=\frac{\text{现金折扣率}}{1-\text{现金折扣率}}\times\frac{360}{\text{信用期限}-\text{折扣期限}}$$

由上式可以看出，放弃现金折扣的成本与现金折扣率的大小、折扣期限的长短成正比，与信用期限的长短成反比。

假设某企业按“2/10，n/30”的条件购入100万元货物，如果不取得现金折扣，而在最后到期日付款，则它可以多使用98万元的资金20天，但需为此特权支付2万元。这是在购货发生30天后支付100万元，而不是在购货后的10天内支付98万元的结果。我们可以将这种情况看作借一笔为期20天、金额98万元的贷款，利息成本2万元，于是可以解出放弃现金折扣的年利率（X）：

$$2=98\times X\times(20/360)$$

解得

$$X=(2/98)\times(360/20)\times100\%=36.73\%$$

由此可以看到，如果销货方提供了现金折扣，而购货方放弃的话，则这种融资方式是一种十分昂贵的短期融资形式。

关键点提示

企业运用应付账款融资时，应注意：

1.应付账款的保证；2.放弃现金折扣的成本。

6.6　如何选择融资租赁的方式

工作场景描述

当需要选择合适的融资租赁方式时，可查看。

解读与分析

融资租赁是指与一项资产所有权有关的风险和报酬实质上已全部转移的租赁方式。它是一种出租人出资购置承租人选定的设备，并按照租赁协议将设备租给承租人长期使用的融资方式。融资租赁又可进一步分成直接租赁、杠杆租赁、转租赁和售后租回等形式。

1.直接租赁

直接租赁即承租人直接向生产厂商或有关租赁机构租赁生产经营中所需要的机器、设备，以取得资产使用权的租赁形式。赁期期间，承租人要支付租金，并承担设备的维修、保养、保险费用和纳税义务。一般直接租赁协议由以下两个合同构成。

（1）出租人与承租人（用户）签订一项租赁合同。

（2）出租人按承租人的订货要求，与厂商签订一项买卖合同。租赁期间出租人拥有设备的所有权。

办理直接租赁的主要步骤如下。

（1）用户选定租赁设备、供货商。

（2）向出租人申请。

（3）签订购买合同。

（4）租赁设备如为进口设备，按以下程序进行：

①用户按规定办理关税减免手续；

②出租人开证付款、投保运输险；

③租赁物件抵港后，用户凭单提货；

④进口租赁物件所发生的进口关税、增值税等从属费用以及国内运杂费等由用户支付。

（5）租赁使用。直接租赁适用于使用者能够直接向生产商或租赁机构租赁的情形，例如直接向生产厂家租赁一些机器设备、大型船只及运输设备等。

2.杠杆租赁

杠杆租赁也称借款租赁，通常适用于金额较大的租赁项目。租赁企业难以负担巨额资金，便邀请银行或保险企业参加，提供资金，促成交易。杠杆租赁涉及三个方面的经济关系：出租人、承租人、贷款人。杠杆租赁最大的特点是：出租人只自筹购买设备所需资金的一部分（通常是20%～40%），其余资金则通过将出租设备作为抵押品贷款筹得，并从承租人那里收回租金偿还贷款。倘若承租人因发生意外情况付不出租金，贷款人不能向租赁企业追索欠款，只能会同租赁企业停止租赁，返还设备，转租他人。

杠杆租赁适用于融资金额巨大或租赁者自有资金不足的情况。

3.转租赁

转租赁简称转租。租赁机构具有双重身份：当其向国外或别的企业租入设备时，是承租方；当其把租入的机器、设备再转租给他人时，是出租方。作为承租方，租赁机构必须按合同规定向出租方定期交纳租金；作为出租方，租赁机构则需向承租人收取合理的租金。

转租赁的实现方法一般如下。

（1）租赁企业A与厂商签订购货合同。

（2）租赁企业A以出租人身份与租赁企业B签订租赁合同。

（3）租赁企业B以出租人身份与用户（次承租人）签订转租赁合同。

显然，租赁企业B具有双重身份，既是承租人（对租赁企业A而言），又是出租人

（对用户即次承租人而言）。

此类租赁适用于那些不易进口的国外大型或高新技术设备以及供给垄断的情况。

4.售后租回

售后租回也称返回租赁，即企业把现有的固定资产按市价或相当于市价的价格出售给租赁企业，再以租赁方式把它租回来重新获取固定资产的使用权。售后租回的办理程序如下。

（1）设备原货主将设备出售给租赁企业，收到货款时将物权转让给租赁企业。

（2）设备原货主以承租人身份与租赁企业签订一项租赁合同，将出售的原设备租回使用。

（3）租期开始，承租人向出租人付租金。

售后租回是当企业缺乏现金时，为改善其财务状况而采用的对企业非常有利的一种做法。通过售后租回，承租人能把固定资产变为现金，再投资于其他业务方面，同时在租期内仍可继续使用这项资产。

因此，这种形式一般是在承租方资金较为紧缺的情况下，通过向租赁企业让渡自己资产的所有权的方式来取得所需资金，同时又向租赁企业支付租金来获取资产的使用权。

5.其他租赁形式

（1）税务租赁。税务租赁的主要做法与直接租赁基本相同。其特点主要是，该租赁物件在承租人的项目中起着重要作用，该物件购买时在税务上又可取得政策性优惠，优惠部分可折抵部分租金，使租赁双方分享税收好处，从而吸引更多的出资人。其一般用于国家鼓励的大中型项目的成套设备租赁。

（2）风险租赁。风险租赁是指在成熟的租赁市场上，出租人以租赁债权和投资方式将设备出租给特定的承租人，出租人将获得的租金和股东权益作为投资回报的一种租赁形式。

（3）结构式参与租赁。这是以推销为主要目的的融资租赁新方式。它是吸收了风险租赁的一部分经验，结合行业特性新开发的一种租赁形式。其主要特点是：融资不需要担保；出租人是以供货商为背景组成的；没有固定的租金约定，而是按照承租人的现金流量折现计算融资回收；没有固定的租期；出租人除了取得租赁收益外，还取得部分年限参与经营的营业收入。

（4）合成租赁。其扩展了融资租赁的内涵，除了提供金融服务外，还提供经营服务和资产管理服务，是一种综合性全方位的租赁形式，租赁的收益因此扩大而风险因此减小，使得租赁更显露服务贸易特征。完成这项综合服务需要综合性人才，因此也体现了知识在服务中的重要位置。合成租赁的发展，将租赁行业带入了知识经济时代。

（5）委托租赁。如果从事的是经营性租赁，委托租赁就是在经营经营性租赁；如果从事的是融资租赁，委托租赁就是在经营融资租赁。委托租赁的一大特点是可以让没有租赁经营权的企业“借权”经营。一般企业可以利用租赁的所有权与使用权分离的特性享受加速折旧，规避政策限制。电子商务租赁也是以委托租赁为商务租赁平台的。

融资租赁主要有以上几种形式，无论哪种形式，都以“租”为最核心的部分，主要区别在于实现“租”的方式和过程各有不同。

关键点提示

融资租赁的主要方式有：

1.直接租赁；2.杠杆租赁；3.转租赁；4.售后租回；5.其他租赁形式。

6.7 融资租赁的操作程序是什么

工作场景描述

当要开始运作融资租赁时，可查看。

解读与分析

融资租赁有不同的形式，实现过程和方法不尽相同，但是，融资租赁的几个关键步骤和操作程序是一致的，主要包括以下几个方面。

1.项目的选择

（1）融资租赁项目的可行性分析。可行性分析主要是结合市场形势，参考国家有关政策和规定，对融资项目从技术成熟度、工程和经济效益方面进行论证分析。

分析的主要内容包括：未来产品的市场前景，融资租赁设备的渠道和成本，资金来源和项目的预期经济效益，项目的风险等。

（2）租赁设备的选择。租赁设备是整个融资租赁的核心资产，设备选择对于项目的成功与否极为关键。设备的选择要做到以下四点。

①选择信誉卓著的国际大型厂家。

②设备要先进，具有当代领先水平，否则容易被淘汰。

③技术更新速度较慢，技术寿命和经济寿命较长。

④容易维修和保养，或者供应商提供完善的技术服务。

2.租赁机构的选择

企业在完成项目选择以后，就要着手选择自己的合作伙伴——租赁机构了。按照国际惯例，租赁机构一般是通过招标选择的，过程如下。

（1）发标。根据企业的需要，提出招标项目和融资租赁的条件，编制招标书，并向社会公开发布招标公告或者向特定的几个租赁机构发出招标通知。招标书的主要内容：融资租赁的设备及型号、数量、交货日期、租赁期限；设备的保险、担保及费用承担；租金的数量、交纳方式、结算货币；设备的维修及租赁期满后残值处理等，以及其他企业认为主要的内容。

（2）投标。租赁机构在收到招标书后，会对融资项目进行评估并依据评估结果对招标书的要求一一做出答复，然后做出项目建议书，并准备好投标书和各种必要的资格文件，将上述资料送交发标企业进行投标。

（3）评标。当发标企业收到各租赁机构的投标书后，根据自己的要求和各租赁机构的承诺，选出适合的机构，将其作为企业此次融资租赁的合作伙伴。

（4）开标并签订合同。发标企业根据评标的结果，确定一家租赁机构作为企业本次的租赁代理人，通知该中标企业准备有关资料文件并签订租赁委托合同，同时将招标结果通知其他投标机构。

3.签订租赁合同

由于融资租赁涉及三个经济主体——设备商、出租人、承租人，因此融资租赁合同包括两个：一个是设备商与出租人之间的供货合同，一个是承租人与出租人之间的租赁合同。

租赁合同的签订是融资租赁的核心环节之一，涉及如下问题。

（1）租赁费率的确定。租赁费率是租赁交易中的核心因素，反映了融资租赁的价格。影响租赁费率高低的因素有租赁设备的概算成本、保险费、手续费、融资机构的融资成本及市场利率水平等。

（2）税负承担问题。按照国际惯例，出租人收到租金收入后要交纳所得税。出租人不愿意承担这笔税页，往往要求承租人进行补偿。实践中，税负一般采用提高租金或额外由承租人给予补偿的方法，由承租人承担。

（3）租赁合同适用法的确定。对于国际融资租赁，合同的履行涉及不同的国家，需要明确适用哪国法律。

4.融资租赁的实施

双方在签订融资租赁合同后，接下来即按照合同的约定，租赁机构按时将设备交付给承租人使用，承租人按照合同约定定期交纳租金。合同期满后，根据双方的意愿决定下一步的行为。一般地，对于承租人而言，可以有续租、退租或者留购三种选择。

融资租赁是一种较为特殊的融资形式，操作程序的重点跟其他方式有所不同。在实务操作中，企业要重点把握好项目的选择、租赁机构的选择及签订租赁合同这三个关键环节。

关键点提示

融资租赁的主要操作程序有：

1.项目的选择；2.租赁机构的选择；3.签订租赁合同；4.融资租赁的实施。

6.8 决定租金的因素有哪些

工作场景描述

当需要分析决定租金的各种因素时，可查看。

解读与分析

租金是出租人通过让渡设备的使用权而取得的向承租人按照约定的条件收取的报酬。实质上，租金是出租人抵扣购买设备的成本和实现利润的主要来源，也是承租人所要承担的主要成本，因此分析影响租金的因素极为重要。决定租金多少的因素有如下几种。

1.本金

它是计算租金的主体，主要包括两部分：设备购置成本和租赁手续费。

（1）设备购置成本，包括设备购置离岸价、运输费、关税、各种保险费用、银行费用和担保费等。在租赁合同签约前，倘若上述费用由出租人负担，那么这些费用将匡算出来计入概算本金，待结算出实际发生的费用后，再调整为实际本金。

（2）租赁手续费，指出租人在办理租赁资产过程中发生的差旅费、文印费、通信费等。在实践中，出租人一般会收取一定的手续费。

2.利率

利率是计算租金的基准。在资金市场上，利率种类很多。按时间，其可划分为长期利率和短期利率。划分标准以一年期为准，一年内的利率为短期利率。国际上融资使用的短期利率一般为伦敦银行间同业拆借利率（LIBOR），加上一个利差。

在项目洽谈中，承租人最关心的问题之一就是租赁企业的利率报价。利率的高低与租金成正比，它直接影响承租人的利益，利率越低，对承租人来说越有利。当然，融资成本的构成比较复杂，除了市场因素决定的利率外，还有一些融资杂费，因此租赁企业报出的利率一般都高于市场利率。

当然，利率的高低也是相对于项目的盈利能力而言的，如果项目的预期经济效益较好，高于市场利率可能也可以接受。因此，租赁机构报出的利率条件能否被接受主要视项目的预期盈利条件而定。

为了降低融资成本，承租人在利率下降且利率水平较高时期愿意使用浮动利率签订租赁合同，在利率上升且利率水平较低时期愿意使用固定利率签订租赁合同。

3.还租期数

还租期数是指租赁期间租金结算的还款次数，一般以半年支付一次租金为宜。此种情况下期数等于年数乘以2，使用年利率时，应折算成半年使用期的利率后方能运算。有些国家规定融资租赁每半年支付一次租金，政府参与的租赁项目每个季度支付一次租金。

对于承租人来说，如果不考虑汇率对租金的影响，他们总希望租期长，每年支付期数多，每期租金相对少一些，以便减少每期还债压力。由财务原理可以知道，复利计息的次数越多，由实际利率和表面利率的差距导致的支出现值越大，租金成本越大。

另外，租期在客观上受租赁物件的使用寿命、法定折旧年限的规定，以及项目可行性研究报告中投资回收期的限制。

4.租赁余值

租赁余值就是融资租赁合同中约定的租赁期结束时，预留的剩余融资成本的未来价值。其主要为经营性融资租赁结束时物件需要留购、退租或续租时的处理提供价值依据。从表面上看，租赁余值似乎是本金的百分之几，实际上它根本不参与租金计算。计算时将这部分余值，按照租赁的利率和最后一期的期数折成现值，从本金中扣除。

5.支付方式

租金支付方式也是影响租金多少的重要因素。支付方式有起租即付（先付）和到期付款（后付）之分。假设以年为记期单位，先付是指每年期初付款，后付是指每年期末付款。后付方式因占用本金时间短了一年，在租金一定的情况下，支出的现值减少。

分析以上因素，我们不难得出融资租赁中租金计算的方法，即出租人以租赁物的购买价格为基础，以承租人占用出租人资金的时间为计算依据，根据双方商定的利率计算租金。融资租赁实质上是附带传统租赁的金融交易，其必须和贸易结合起来，必须要有两个合同、三方当事人，这样才能完成整个交易。

当然，影响租金的因素除了上述主要因素以外，还与出租人和承租人之间的谈判技巧、双方势力强弱等有很大关系。

关键点提示

影响租金的主要因素有：

1.本金；2.利率；3.还租期数；4.租赁余值；5.支付方式。

6.9　如何有效防范融资租赁的风险

工作场景描述

当需要认识和合理规避融资租赁的风险时，可查看。

解读与分析

市场经济中，任何经济活动都具有风险和不确定性。融资租赁同样具有风险，而且导致风险的因素是多方面的、相互关联的。虽然风险各种各样，但企业仍然可以根据规律进行有效规避。

1.具体风险及其规避

（1）产品市场风险。任何企业所要面临的第一个风险就是生产的东西能不能卖出去，因此需要全面考察产品在市场上的销路和占有率。具体的方法是做项目可行性研究的时候充分调研以下信息。

①目前市场上同类产品的销路如何。

②自己生产的产品的技术水平在同类产品中档次如何。

③同类产品中不同档次的产品的市场需求各是多少。

通过对以上信息的调研，企业就可以确定自己产品未来的市场表现和预期了。

在确定项目的时候，要注意两个产品设计误区：一个是低水平建设；一个是技术水平过高，市场不认可。

企业做具体决策的时候，有些领导屡屡感情用事，认为自己经营的企业一定会比别人的强，没有经过严格的市场研究就匆匆上马项目，导致项目失败。

（2）经营风险。融资租赁中的经营风险是指由于租赁当事人在经营管理方面的原因而导致的实际收益偏离预期收益的可能性。承租方企业如果经营管理水平不高，会带来一系列的风险，如内部组织涣散、缺乏有效的营销措施等。

对于融资租赁中的经营风险，企业可以考虑通过以下措施规避。

①提高管理水平，加强市场竞争力。

②加强市场网络的建设，及时适应瞬息万变的市场节奏，建立灵活有效的营销体系。

③加强产品的研发力度，不断推出新型产品，形成完善的产品供应链条。

④加强同设备供应商和租赁机构的技术交流，做出技术保证，确保设备正常运转，避免影响生产计划。

（3）金融风险。融资租赁中的金融风险是多方面的，主要包括租赁机构信用风险、租金支付中的利率风险和汇率风险。

①租赁机构信用风险。由于设备的购买是出租人与供货商之间的变易，如果两者由于种种原因，比如租赁机构的资金不到位，无法达成协议，则租赁机构就有违约的危机，这样承租人就无法按照正常的计划来组织实施项目。因此，对于租赁的融资人来说，在项目初期有较大的风险暴露。

②利率风险。其是指市场利率的变动对租赁企业的租赁交易可能产生的影响。对于融资租赁来说，利率变动引起的风险主要是租金的支付引起的贴现值的变动。因此，支付租金所依据的利率形式不同，企业所面临的风险也不同。

在签订融资租赁协议时，企业首先应确定是使用上述利率的浮动利率还是固定利率进行贷款。一般的选择标准是，当金融市场利率趋于下降时，应力争采用浮动利率；而当金融市场利率趋于上升时，则应考虑采用固定利率；当国际金融市场利率变化趋势不确定时，应采用浮动利率。

对于利率风险的规避，一方面，企业可以通过设置合适的结算利率形式，另一方面，企业也可以通过利率互换来达到规避风险的目的。

③汇率风险。如果租金的支付要用外汇，企业就要考虑防范和规避由利率变动引起的支付风险。

一般来说，要选用合适的稳定的外汇进行租金结算，以避免由于国际资本市场的剧烈波动而引起巨大的支付风险。对于外汇风险，企业可以利用远期外汇买卖和期权交易来防范。

所谓远期外汇买卖，是指交易双方达成交易后，按事先约定的日期和约定的汇率进行交割的外汇买卖交易。远期外汇买卖最长可以做到1年，超过1年的交易称为超远期外汇买卖。

外汇期权买卖实际上是一种权力的买卖。权力的买方有权在未来的一定时间内按约定的汇率向权力的卖方（如银行）买进或卖出约定数额的外币。

（4）自然灾害风险。这种风险具有突发性和不可预见性，一般通过向保险企业投保来防范。

2.风险管理的技巧

针对上述融资过程中存在的风险，在这里再概括一下风险管理的方法和所要采取的措施。

（1）积极防范躲避风险。如汇率风险，采取用本币结算租金的方法、使用远期汇率或汇率调期的方法就可以避免。

（2）风险转移。在以外币交易方式做租赁的合同中，可以通过汇率调期把利率风险大的债务转化为风险小的债务，或者进行汇率的套期保值。在贸易方面的购置设备过程中，企业可以用信用证方式支付货款，把商业信誉转变为银行信誉，减少贸易风险。

（3）实施补救措施。在经济活动中，风险不可能完全避免，为此应事先有所准备。企业可以在平时储备一些基金，像呆账准备金等。平时从费用里提取一定的准备基金，发生损失时，应立即防止损失扩大，用准备基金补偿损失。

（4）保险是补救风险损失的较好方法。保险业发展的历史比较长，范围比较广泛，保险的方式比较成熟。

（5）融资租赁合同应规范化。所有文件中的条款，都应符合我国现有的政策、法律、法规，合同要做到具体、清晰。

综上，可以看出，尽管融资租赁有各种各样的风险，但是只要利用科学的方法，采取科学的措施，这些风险是可以防范和化解的。

关键点提示

要想有效防范和规避融资租赁的风险，就要了解：

1.具体风险及其规避；2.风险管理的技巧。

6.10 如何策划BOT融资的基本流程

工作场景描述

当要策划BOT融资的基本流程时，可查看。

解读与分析

BOT融资方式是政府将一个基础设施项目的相关特许权授予承包商的一种项目融资方式，即承包商在特许期内负责项目的设计、融资、建设和运营，并回收成本、偿还债务、赚取利润，特许期结束后将项目所有权移交给签约方政府。因此，BOT融资方式是政府与承包商合作经营基础设施项目的一种特殊运作模式。

BOT融资的运作过程较为复杂，概括起来主要有三个阶段：建设、运营和移交。

1.项目建设

项目建设阶段主要包括以下几个阶段。

（1）项目的确定

同所有的项目融资一样，BOT融资在实施前必须分析项目的可行性。在分析完项目可行性之后，就应该分析该项目采用BOT融资方式的可能性和好处。

通常这项工作是由政府通过规划来完成的。政府有关部门会首先按照规划，研究是否需要建设发电厂、道路、桥梁、城市运输系统或者对国家经济发展具有重要性的其他基础设施项目。然后，政府将研究采用BOT融资方式满足该项目需要的可行性和优越性。有时，项目单位会确定一个项目，然后向政府提出项目设想。

如果决定采用BOT方式，企业就会发布邀请建议书（或招标公告），邀请投标者提交具体的设计、建设和融资方案。

（2）招标

①招标准备工作。招标有几种不同方式，包括竞争性招标、单一来源采购或某种有限的招标办法。招标程序设计的出发点是保证投资的质量、成本和及时性，以及吸引有诚意的投资。

邀请建议书将提供关于项目的详细规定，列出必须达到的具体标准，包括规模、时间、履约标准以及项目收入的性质和范围。从招标者的角度来看，这个阶段很重要。

对于招标者，通过招标来选定最合适的项目中标者，是BOT项目能否成功的最重要的因素。

②标书的编写和提交。其主要步骤如下。

a. 投资者或发起人通常会组成一个联营集团，共同提出一份满足邀请建议书要求的标书；

b. 联营集团将对项目的可行性进行更深入的研究；

c. 联营集团将争取潜在的贷款人、股本投资者及承包商和供应商的支持，并签订初步意向书；

d. 联营集团编写和提交标书。

（3）开标

招标者对收到的标书按照一定的标准进行挑选。评估标书的成员一般包括相应部门的政府官员，技术、财务和法律顾问等。

在选定标书后，招标者请中标人制订并签署最后的合同文件。有些情况下，招标者会向中标人发出一份意向书，双方签字后，意向书将使当事方承诺真诚合作，通过谈判达成并签署一份最后的项目协定，然后实施该项目。有些情况下，招标者也可以和中标人立即就项目协定中的未定因素进行谈判。

（4）项目开发

投标的联营集团中标后就可以组成项目企业或确定项目企业结构。如果尚未组成这样的企业，必须提供建设项目所需的股本金。同样，在招标者接受的基础上，项目企业可以与承包商和供应商联系，争取对有关条件和价格做出更明确的承诺，这些承诺关系到最终确定项目建设的成本。

在协调好各方的关系后，项目企业就可以同政府就最后的特许权协议或项目协定进行谈判，并就最后的贷款协定、建筑合同、供应合同及实施项目所必需的其他附属合同进行谈判。

经过谈判达成并签署所有上述协定后，项目将开始进行财务交割。在财务交割日，贷款人和股本投资者应该预交用于设计、建设、设备采购及其顺利完成项目所必需的其他资金。

进行财务交割后，建设阶段即正式开始。工程竣工后，项目通过规定的竣工试验，项目企业接受且政府也接受竣工的项目，建设阶段即结束。

2.项目运营

这个阶段持续到特许权协议期满。在这个阶段，项目企业直接或者通过与运营者缔结合同，按照项目协定的标准、各项贷款协议以及与投资者协定的条件来运营项目。在项目运营期间，其应按照协议要求对项目设施进行维修、保养。为了确保运营和保养按照协定要求进行，贷款人、投资者、政府都拥有对项目进行检查的权利。

3.项目移交

特许经营权期满后向政府移交项目。一般来说，项目的设计原则上应能使BOT发起人在特许经营期间还清项目债务并有一定利润。这样项目最后移交给政府时是无偿地移交，或者项目发起人得到一些象征性的政府补偿。政府在移交日应注意项目是否处于良好状态，以便政府能够继续运营该项目。

BOT融资方式是国际上一种先进的融资方式，尤其适用于大型基础设施建设，如交通、水电等设施。可以预见，随着我国经济的高速发展，这种融资方式一定会在蓬勃兴起的基础设施建设中大显身手。

关键点提示

BOT融资的主要步骤是：

1.项目建设；2.项目运营；3.项目移交。

6.11　如何进行BOT融资的风险管理

工作场景描述

当要对BOT融资的巨大风险进行科学管理时，可查看。

解读与分析

BOT融资过程涉及的当事人很多，需要协调的经济利益、法律关系较为复杂，因此BOT融资方式存在着巨大的风险。其主要有以下几类风险。

1.不可抗力风险

不可抗力是指当事人不能预见、不能避免并且不能克服的自然事件和社会事件。不可抗力的一般处理原则是：遭受不可抗力事件的一方当事人，对于因此事件而给他方造成的损失，可以全部或部分免除赔偿责任。

此类风险的管理对策如下。

（1）投保，即通过支付保险费把风险转移给有承担能力的保险企业或出口信贷机构。

（2）寻求政府资助和保证。对于不可预期的风险，要求政府给予一定的补偿。

（3）当事人各方协商分担。如果尚在贷款偿还期间，应当由政府、项目发起人、债权人三方按照事先约定的比例分担损失；如果在贷款已经偿还结束的运营期间，则由政府和项目发起人按照事先约定的比例分担损失。

2.违约风险

违约风险是指项目融资中有关当事人因故无法履行或拒绝履行合同中规定的义务而

导致的风险。它分为以下两种。

（1）根本违反合同。一方当事人违反合同，使另一方当事人蒙受损失，以致实际上剥夺了另一方根据合同规定有权期待得到的利益，即为根本违反合同。

（2）预期违反合同。合同订立后，一方当事人已明显预见到另一方当事人由于种种原因已经不可能履约，即为预期违反合同。该情况发生时，预见到的一方当事人有权中止履行其合同义务，但必须立即通知另一方当事人，另一方当事人应该赔偿损失。

3.利率变化风险

利率变化风险是指在BOT项目融资过程中，由于利率变动直接或间接地造成项目价值降低或收益受到损失的风险。此类风险的管理方法有：固定利率的贷款担保；理想的多种货币组合方式；运用封顶、利率区间、保底等套期保值技术，以减小利率变化的影响；寻求政府的利率保证。如果政府为项目发起人提供利率保证，在项目期内利率增长超过规定的百分比时，发起人可以得到补偿。

4.汇率风险

这种风险是指因汇率波动而蒙受损失以及将丧失所期待的利益的可能性的风险。

汇率风险的管理方法有以下几种。

（1）运用掉期等衍生工具，这种方法主要适用于硬通货之间。

（2）同东道国政府或结算银行签订远期兑换合同，事先把汇率锁定在一个双方都可以接受的价位上。这种方法主要适用于软硬通货之间。

（3）外汇风险均担法。首先，双方洽谈商定一个基本汇率e_0，然后定出一个中性地带（$e_0-\Delta e$，$e_0+\Delta e$），在中性地带内，双方各自承担外汇风险和利益。但是，一旦外汇汇率变化过大，超过了中性地带，则双方按一定百分比来分担风险。

（4）其他外汇风险管理方法，如远期外汇买卖等。

5.原材料来源（价格变动）风险

原材料包括BOT项目在工程建设期使用的建筑材料和运营后需要的原料，如煤、气、电、油以及水处理项目中的原水等。原材料风险又称为项目上游风险，供应商越少，供给量越大，材料替代性越弱，项目就越容易被限制，上游风险就越大。

其管理风险的方法如下。

（1）充分分析并预测在项目所在地购买原材料的可行性，这种可行性必须以质量能够得到保证、价格优惠为前提，否则就会使项目企业和债权人陷入困境。

（2）签订供货合同。为了保障原材料的稳定来源，项目企业与原材料供应商之间应签订长期供货合同。

（3）制订替代性原材料应急计划以及其他替代安排。

6.通货膨胀风险

通货膨胀存在于各国的经济生活中，相比而言，发达国家和地区比发展中国家和地区通胀率要低得多。但是对于债权人和投资者而言，都希望避免通货膨胀风险。

应对措施是在特许权协议中规定相应条款，作为以后对价格进行核查的依据。如果发生通货膨胀，就按确认的通货膨胀率进行调价，或相应增加收费，或延长特许期限。

7.建设工程风险

BOT项目融资在完成有关手续、正式签署有关文件并经政府批准之后便正式进入工程营建阶段。对项目企业来说，在这一阶段面临的最大风险是工程能否顺利完工的风险。

此类风险的管理方法如下。

（1）做好项目的可行性研究。

（2）尽可能使用成熟的技术。

（3）制订严密的施工进度、财务计划。

由于BOT融资涉及的范围广，风险暴露程度大，再加上项目建设周期长，施工难度大，因此一个项目的BOT过程充满了风险和不确定性。只有时刻防范和化解各种风险，才能成功运作一个BOT项目。

关键点提示

BOT融资方式存在的风险主要包括：

1.不可抗力风险；2.违约风险；3.利率变化风险；4.汇率风险；5.原材料来源（价格变动）风险；6.通货膨胀风险；7.建设工程风险。

6.12 如何认识资产证券化的适用范围

工作场景描述

当需要选择资产证券化融资的种类时，可查看。

解读与分析

资产证券化最主要的功能就是以不易变现的资产所具有的长期固定收益为支付负债的保证，从而发行债券，达到融资的目的。

资产证券化作为一种新兴的金融工具，由于具有比传统融资方式更为经济的优点，近年来在发达国家和许多新兴市场中发展迅速。实践上，企业可证券化的金融资产种类越来越多，证券化交易的组织结构也越来越复杂。研究资产证券化的范围，应该先观察企业可以将哪些资产证券化，理想资产具备哪些特点，再研究证券化的范围。

1.可证券化资产的特点

并非所有的资产都可以证券化，可证券化的理想资产应该具有以下特征。

（1）能在未来产生可预测的稳定的现金流。

（2）持续一定时期的良好的资产质量，如具有低违约率、低损失率的历史记录。

（3）本息的偿还分摊于整个资产的存续期间。

（4）金融资产的债务人有广泛的地域和人口统计分布。

（5）原所有者已持有该资产一段时间并有良好的信用记录。

（6）金融资产的抵押物有较高的变现价值或它对于债务人的效用很高。

（7）金融资产具有标准化、高质量的合同条款。

作为对照，也有些金融资产是不适合证券化的，比如以下各种情况或之一。

（1）服务者经验缺乏或财力单薄。

（2）资产组合中资产的数量较小或金额最大的资产所占的比例过高，即资产没有良好的分布形态。

（3）本金到期一次偿付，而在存续期内没有收益现金流。

（4）付款时间不确定或付款间隔期过长，不具备稳定、持续的特点。

（5）金融资产的债务人有修改合同条款的权利，或者说资产的性质具有不稳定性。

2.资产证券化的范围

国际上证券化的资产已经有很多种，到目前为止，在欧美和新兴市场上已被证券化的金融资产大致可以分为以下几种。

（1）银行信贷资产

①居民住宅抵押贷款。这是较为成功和普遍的资产证券化形式。目前我国的个人住房贷款的需求和市场急剧扩张，各大商业银行相继推出了住房贷款服务项目。随着规模的扩大，商业银行也有了将这部分资产证券化的压力。我国金融市场上可选择的住房贷款资产证券化的形式越来越多。

②私人资产抵押贷款、汽车销售贷款、其他各种个人消费贷款及学生贷款等个人消费贷款形式。

③商业房地产抵押贷款、各类工商企业贷款。

（2）应收账款资产

①信用卡应收款、转账卡应收款。

②计算机租赁、办公设备租赁、汽车租赁、飞机租赁。

③交易应收款（制造商和销售商）。

（3）其他固定收益资产

①人寿、健康保险单。

②航空公司机票收入、公园门票收入、俱乐部会费收入、公用事业费收入。

③石油/天然气储备、矿藏储备、林地。

④各种有价证券组合。

随着经济的不断发展、市场经济的不断完善和金融市场的创新，资产证券化会迎来更蓬勃的发展。

关键点提示

认识资产证券化的范围时要了解：

1.可证券化资产的特点；2.资产证券化的范围。

6.13 如何认识资产证券化融资的主要参与者

工作场景描述

当需要熟悉资产证券化融资过程的主要参与者时，可查看。

解读与分析

资产证券化过程中，涉及多个经济主体，不同的参与者起着不同的重要作用。有关的参与者有：发起人、服务人、SPV（特殊目的载体）、投资人、中介机构等。掌握和熟悉各个参与者是进行资产证券化运作的前提。

1.发起人

发起人就是拥有资产并拟进行资产证券化的经济主体，也就是融资者。发起人一般是政府、商业银行或者其他有固定收益资产的经济体。发起人一般通过“真实出售”的方式将资产出售给SPV（特殊目的载体）。资产出售后，发起人的信誉受到损害甚至发起人被破产清算，都不会影响到所发行证券的信用，因为按照规定，发起人已经与出售的资产实施了严格的破产隔离。

2.服务人

资产证券化过程中的服务人，一般有两个作用：一是定时收集资产产生的现金流；二是帮助发起人向证券持有者支付证券的本息。所以服务人应具有完善的服务网点，一般由商业银行来担任。如果发起人是商业银行，那么银行自己也可以担任服务人，因为这样可以继续获得服务的手续费。

3.SPV

SPV是一个具有法律意义的实体，一般情况下，发起人将资产真实出售给SPV，由SPV进行资产组合形成资产池，然后以这个资产池的资产为抵押发行证券。SPV在整个资产证券化过程中处于核心地位，是整个运作过程的枢纽。

SPV可以是由发起人成立的具有独立性的机构，也可以是一个中介机构。SPV对于保证证券安全有重要的作用，其主要表现在：SPV是自身破产隔离的，即本身不会受到破产清算的影响；当其他当事人，如发起人、服务人及个别债务人破产时，不会影响到SPV的正常运作。

SPV在资产证券化过程中是隔离破产清算的“防火墙”，将投资者与其他当事人的破产风险有效隔离。

4.投资人

投资人是资产证券化的投资者。在设计交易结构时，努力使SPV隔离破产清算，就是保护广大投资者的利益不受损害。投资者的范围包括：个人、机构投资者（包括各种基金）。

5.中介机构

中介机构在资产证券化过程中起着三个作用：一是服务职能，如承销等；二是公证职能，如律师提供的法律意见书；三是监督职能，如担保和评级。

在证券化过程中，涉及的主要中介机构如下。

（1）信用评级机构。发起人一般会要求信用评级机构对拟发行的资产支持证券进行评级。评级机构会对真实出售、破产隔离、信用增级等问题进行详细的审查，将审查结果按照模型进行“压力实验”，从而获得证券的信用等级。

（2）投资银行。投资银行在资产证券化过程中的作用主要有：为发行人设计证券化的交易结构；承销证券；通过基金业务来影响资产支持证券的需求。

（3）担保机构。资产证券化过程中，需要外部信用增级，因此需要担保机构的参与。提供担保的机构有：政府机构、担保机构、保险企业、银行等。担保机构之所以非常重要，是因为在利用信用担保进行信用增级的交易中，评级机构主要是对担保人的资信水平进行评估，因此担保机构的资信水平就影响了资产支持证券的信用水平。

（4）律师事务所。律师事务所是资产证券化过程中不可缺少的中介机构之一。它主要有三个方面的作用。

①为资产证券化的交易流程出具法律意见书，这是律师事务所最重要的作用。

②应邀参与项目的谈判、审查、修改及制作相关法律文件。

③担任参与各方当事人的法律顾问，提供法律事务的咨询意见。

综上所述，资产证券化过程中的参与者之间的关系较为复杂，正确地理解各个参与者在参与过程中的作用，是掌握资产证券化运作的关键所在。

关键点提示

资产证券化的主要参与者有：

1.发起人；2.服务人；3.SPV；4.投资人；5.中介机构。

6.14 如何运作资产证券化融资的操作程序

工作场景描述

当要开始策划资产证券化融资时，可查看。

解读与分析

资产证券化的过程涉及的当事人比较多，经济利益较为复杂，因此运作资产证券化的过程非常不容易，要经过如下一系列操作程序。

1.资产出售

资产出售是发起人把经过组合的金融资产卖给SPV的行为。资产出售须以买卖双方已签订的金融资产书面担保协议为依据。出售时卖方拥有对标的资产的全部权利，即卖方有资产的处置权，买方要对标的资产支付对价。根据双方协议，资产出售后通常由发起人充当SPV的资产组合代理服务人，向债务人收回到期资产的本金和利息，交由SPV

偿付资产证券本息。由发起人充当SPV资产代理人，要求发起人资产与代管资产相分离，否则会导致混合收款问题，即SPV对委托管理资产的权利将因发起人破产而丧失。发起人有以下三种售卖形式。

（1）债务转换。这种方式将终止原来的债权、债务关系，即终止发起人与资产债务人之间的债务合约，然后由SPV与债务人之间按原合约还款条件订立一份新合约来替换原来的债务合约，从而把发起人与资产债务人之间的债权债务关系，转换为SPV与资产债务人之间的债权债务关系。

（2）资产转让。即通过一定的法律手续把待转让资产项下的债权转让给SPV，作为转让对象的资产，要有有关法律认可的可转让性质。资产权利的转让要以书面形式通知资产债务人，如无资产转让的书面通知，债务人享有终止债务支付的法定权利。

（3）从属参与。在这种方式下，SPV与资产债务人之间无合同关系。发起人与资产债务人之间的原债务合约继续有效。资产也不必由发起人转让给SPV，而是由SPV先行发行资产证券，取得投资者的贷款，再转贷给发起人，转贷金额等于资产组合金额。

2.资产的购买

SPV购买资产的形式有以下两种。

（1）整批买进一个特定资产组合。这与票据的直接转让相似，SPV一次性购买特定金融资产下的卖方全部权益，资产转归买方所有。这种形式主要用于期限较长的资产证券化。

（2）买进资产组合中的一项不可分割的权利。这种形式下，SPV购买的不是限于组合中的特定金融资产，而是一种权益，因此这项权益不会由于某一特定资产的清偿而终止。随着组合里原资产的不断清偿，新资产会不断产生，因此SPV的权利亦随之周转。这种形式适用于资金期限较短，周转速度较快的资产组合，主要用于工商贷款与交易应收款的证券化。

3.信用提高

资产证券化的投资利益能否得到有效的保护和实现，主要取决于证券化资产的信用保证。债务人的违约、拖欠或债务偿付期与SPV安排的资产证券偿付期不相配合，都会给投资者带来巨大的潜在风险，主要是信用与流动风险。信用提高有如下两种形式。

（1）买方信用提高。买方信用提高有三种选择：直接追索，资产储备，购买或保留从属权利。

①直接追索。即SPV具有对已经购买金融资产的违约情况进行直接追索的权利，通常采取偿付担保或由卖方承担回购违约资产的方式。

②资产储备。由发起人持有证券化资产数额之外的一份足以偿付SPV购买金额的资产储备，当证券化资产出现违约情况时，就用储备资产所带来的现金流量进行偿付。在这种方式下，SPV在购买时并不支付资产的全部价款，而是按约定的折扣比例支付给发起人。

③购买或保留从属权利。购买从属权利是指买卖发行的从属证券。在这种情况下，买方向第三方投资者发行证券的权利优先于从属证券的权利，即第三方投资者的投资偿付权利优先于从属证券持有人。买方对从属证券的偿付要以证券化资产不违约为前提，因此，在购买从属权利方式下，实际上是由卖方向买方提供了一笔保证金。

保留从属权利是指卖方以不可分割权利方式出售资产组合时，保留自己的一份不可分割的权利，该卖方权利从属于买方权利。如果售出资产发生违约应收款，买方权利可以从卖方保留权利中得到补偿。

（2）第三方信用提高。其分为购买从属证券与为买方的证券信用提高两种。

①购买从属证券方式与买方购买从属证券方式相似，不同之处在于从属证券的买方提供信用担保。

②为买方的证券信用提高是指第三方信用提高者成为资产买方或有关方的债权人。

4.资产证券的评级

资产证券的评级为资产证券投资提供了证券选择的依据，也是资产证券化的重要环节。信用评级由专门评级机构应资产证券发行人或承销人的请求进行。评级考虑的因素不包括由利率变动等因素导致的市场风险或基础资产提前支付所引起的风险，而主要考虑资产的信用风险。评级机构根据对资产信用风险的评估结果，给出资产证券的信用级别。证券定级后，评级机构还要进行跟踪监督，根据经济金融形势、发起人和证券发行人有关情况以及资产债务的履行情况等，做出监督报告对外公布，并根据资产信用质量的变化对已评出的资产证券级别进行升降调整、中止或取消。因此，资产证券的评级较好地保证了证券的安全度，这是资产证券较有吸引力的重要因素之一。

5.资产证券的发行

上述程序完成以后，最后一个程序就是资产证券的发行。资产证券发行以后，可以在资本市场上交易流动。

综上所述，可以看出，资产证券化的过程有复杂的步骤和特定的程序，在一定程度上，这是一种复杂的金融创新。因此，有关内容比较抽象，有一定的理解难度。

关键点提示

资产证券化的主要程序有：

1.资产出售；2.资产的购买；3.信用提高；4.资产证券的评级；5.资产证券的发行。

6.15 如何实现证券化资产的破产隔离

工作场景描述

当要防止证券化资产的破产清偿风险时，可查看。

解读与分析

所谓破产隔离，就是资产的原始所有人将资产出售给SPV后，当原始所有人破产时，该资产不会被清算。

资产证券化要求进行证券化的资产必须是不能受损的，也就是资产要保持严格的独立性。否则，证券的投资者就会受到损失。这里所指的资产是指SPV持有的发行支持债券的那部分资产。在资产证券化过程中，要想保证资产的破产隔离，应该以SPV的合理设计为核心，做好资产的真实出售以及当事人之间的资产剥离。

1.设立规范的SPV

在发起人真实出售资产以后，SPV就是资产的持有者，因此要保证资产的破产隔离，就是要保证SPV没有破产风险，也就是SPV一般不会遭受自愿或强制的破产。

破产隔离是SPV的本质要求，它给予交易安全以最大限度的保障。要想实现破产隔离，一方面要限制SPV的业务范围，使SPV能与其自身引起的破产风险相隔离；另一方面，SPV要完全独立于发起人，使SPV能同与发起人相关的破产风险相隔离，使自己不受发起人破产与否的影响。

设立的SPV应满足如下条件。

（1）限定SPV的经营范围。SPV的经营范围具有唯一性，即只能经营同证券化有关的业务。因此，在组建SPV时，就应该在组建文件中明确相关规定，以便对SPV产生制度性约束。

（2）对债务的限制。SPV除了要履行证券化交易中所要求的债务和担保外，还不能产生新的其他债务，也不能为其他债务提供担保。在必要的情况下，为了进一步防范破产风险，SPV还应该与债权人签订不申请破产的条款。

（3）设置独立董事。独立董事的最大特点是独立于企业，独立于管理层。在SPV董事会中，至少应该有一名独立董事，独立董事对重大事项的否决权使SPV获得了破产保护。

（4）不能进行并购重组。在组建文件中应该规定，SPV不能进行清算、解体、兼并和资产的处置。

（5）保持独立性。为了避免与母公司合并，SPV必须遵守独立契约，建立独立的账目和档案，隔离自有资产。

（6）资产的担保权益。担保权益是指对债务进行担保后所产生的担保权人享有的权益。一般地，为了减少母公司提出让SPV破产而获得经济利益的动力，SPV会将资产的担保权益让给资产支持证券的持有人（即投资者）。

2.真实出售

在证券化过程中，发起人的破产应该不会对SPV的正常运转产生影响，即不会引起对SPV所持有的资产的破产清算。怎样才能做到呢？这就要求发起人要将资产真实地出售给SPV。所谓真实出售，就是将资产真正地出售给SPV，即资产原始所有人不再享有所有权的一种出售行为。真实出售不是信托关系，也不是委托理财，而是一种所有权更换的销售行为。

真实出售的特征如下。

（1）当事人意图符合证券化目的。

（2）发起人的资产负债表已进行资产出售的账务处理。

（3）出售的资产一般不得附加追索权。

（4）资产出售的价格不盯着贷款利率。

（5）出售的资产已经过“资产分离”处理，即已通过信用提高方式将出售的资产与发起人信用风险分离。

3.其他隔离措施

（1）同代理服务商的破产隔离。代理服务商是为SPV提供定时收取原始债务人所支付的现金流或者帮助SPV发放债券利息和本金的机构。为了防止代理人破产对SPV产生影响，要求服务人在规定的时期后，必须将原始债务收入单独存放和管理。

（2）同原始债务人的破产风险隔离。在这种情况下，原始债务人会由于财务危机而拒付债务，从而导致SPV不能及时获得收入来支付给投资者。对于此类风险，在设计证券化的资产池时，就应该防范。其方法是将不同的债务人放入资产池中，按照历史违约的统计分布，推算资产池中的资产违约率，然后由SPV根据资产违约率来测算资产的现金流，并确定资产支持证券的收益率。

显然，在资产的风险隔离中，SPV的制度设计至关重要。围绕着SPV的设计，涉及法律、会计、金融、证券等多个方面的问题。因此，在我国资产证券化进程中，SPV的设计是一个重要的课题。

关键点提示

资产证券化中资产破产隔离的保护措施有：

1.设立规范的SPV；2.真实出售；3.其他隔离措施。

6.16 如何进行资产证券化融资的风险管理

工作场景描述

当需要合理规避资产证券化融资的各种风险时，可查看。

解读与分析

在任何融资过程之中，融资的链条越长，就越容易产生风险，风险来源于各经济主体的行为和环境因素的制约。

企业的资产证券化由于涉及多个环节，而且在每一个环节中都存在着很大的不确定性，因此风险很大。对于采用资产证券化融资的发起人来说，必须做好全面准备，及时做好风险的发现、预防和规避工作。

1.欺诈风险

在金融市场上，充斥着各种各样的欺诈行为。资产证券化过程中，服务商、承销商、会计师等有关中介机构都有可能存在欺诈行为。当然，欺诈的可能性与证券化过程的复杂程度成正比，过程越简单，欺诈的可能性越小。

欺诈风险还与金融市场的发达程度有关。市场越发达，欺诈的行为越少；相反，市场越落后，则欺诈的行为越多。

因此防范此类风险的措施，从微观角度看，是增加当事人对融资过程的专业训练，从宏观角度看，是政府要加大市场的培育力度。企业在实施资产证券化过程中受中介机构欺诈的风险较大，因此要特别注意和防范中介机构对企业利益的侵占。

2.法律的不确定性和法律变更风险

在债券存续期限内，国家的法律条文可能会有所改动，这种风险是无法预测的，其带来的损失也是无法估计的。这种风险主要是由新、旧法之间的冲突和法律函件的不确定性引起的。在证券化过程中，对这两种风险进行防范也是极重要的，否则可能会造成发行人权益损失。

对于此类风险，企业要对国家的法律进行仔细研究和把握，准确掌握法律变动的趋势和方向，谨慎实施资产证券化，合理选择证券化融资的时机。

3.金融风险

资产证券化的时机对于发起人来说非常重要。金融风险主要是市场的利率风险，对于发行国际债券来说还要考虑汇率风险。任何市场融资都受到利率风险的影响，利率风险对想要通过证券化来融资的发行者来说，主要是会增加融资成本和发行的难度。

比如，企业在实施证券化过程中，由于利率突然提高，资产的提前偿付率会相应提高，因此就会影响资产池的未来现金流，进而影响债券的收益率，最终会影响债券的发行。

汇率风险对融资者国际融资影响的机理是相同的。此类金融风险的防范措施是选择合适的时机来实施资产证券化，尽量避免由金融风险引发的损失。

4.政策风险

政策风险不同于市场风险。政策风险是刚性的，是可以避免的；而市场风险是客观的，是不可以避免的。

发起人在拟进行资产证券化时，可能会遇到政策风险。各个国家的市场，特别是金融市场的发展阶段不同，在一定的时期会规定有些资产不能证券化，因此，在实施证券化之前一定要做详细的考察，避免因受到国家政策的影响，遭受不必要的损失。

一般来说，企业的资产证券化在西方发达国家比较普遍，这是由于它们的金融市场比较成熟，政策比较稳定，风险相对比较小。如美国的各大商业银行、通用汽车公司、迪士尼等大型企业都曾通过资产证券化为企业融资。

关键点提示

对于融资者来说，资产证券化过程中的风险主要有：

1.欺诈风险；2.法律的不确定性和法律变更风险；3.金融风险；4.政策风险。

6.17 如何进行典当融资管理

工作场景描述

当遇到资金临时短缺，需要进行典当融资时，可查看。

解读与分析

典当是以实物为抵押，以实物所有权转移的形式取得临时性贷款的一种融资方式。

典当的优势在于对客户的信用要求几乎为零，只注重典当物品是否货真价实，而且可以兼有动产与不动产的质押。典当物品的起点低，千元、百元的物品都可以典当。典当更注重对个人客户和中小企业的服务，其手续简便，大多立等可取，即使是不动产抵押，也比银行要便捷许多。

典当的程序比较固定，也较为简便，主要有如下几种。

1.审当

所谓审当，就是身份审核，或者说是有效证件审查。

审当程序：

（1）审查当户证照；

（2）审查当物证照。

审当要求：

（1）当户证照合法有效；

（2）当户、当物户名、证照一致。

2.验当

所谓验当，是指核实典当物品的合法性，并按评估价值得出当金和综合费用率的标准。

验当程序：

（1）核对发票、单证；

（2）价值评估；

（3）确定当金额度及综合费率标准。

验当要求：

（1）按成新率及现行市价评估价值；

（2）按评估价值的50%～90%折算典当金额；

（3）按既定利率、手续费、保险费、保管费确定综合费率。

3.收当

收当程序：

（1）签订典当协议书；

（2）收当入库；

（3）制票付款，收取费用。

收当要求：

（1）当户在协议及各部门的过户表上签字、盖章；

（2）将当户身份证复印件、证照等列出清单，交保管员入库封存；

（3）按当票付款，收取综合手续费；

（4）当期1～6个月；

（5）如房产车辆典当，收回所有钥匙。

4.赎当

赎当程序：

（1）当户凭当票办理赎当手续；

（2）结清综合手续费及典当本金；

（3）办理出库手续；

（4）发票单证归还当户。

赎当要求：

（1）出库时认真核清当物；

（2）凭出库通知单出库；

（3）做好当物交接。

5.转当

转当就是将物品转到别的典当行进行典当。

转当程序：

（1）当户填写“转当申请书”；

（2）核对发票，重新确定当期、当值、当率、费率，填写“转当评审表”。

转当要求：

（1）当票客户联（后附转当凭证客户联）交客户；

（2）之后程序同收当程序。

6.续当

续当程序：

（1）审核原当票、居民身份证（或其他有效证明）；

（2）交纳前当期的利息和续当期的综合费；

（3）查验当物，签订续当合同。

续当要求：

（1）续当期不得超过前当期，续当期利率、费率不变；

（2）典当的程序较为简单，但是能不同程度地解决企业的暂时资金需求。

关键点提示

典当的基本程序是：

1.审当；2.验当；3.收当；4.赎当；5.转当；6.续当。

6.18　如何利用财税融资

> 工作场景描述
>
> 当在税法允许的条件下合理避税、合法减免或缓缴税款时，可查看。

解读与分析

财税融资不是直接从企业外部获得资金，而是通过合理的税收筹划以及获得财政补贴的方式来融资。企业要想采用财税融资方式，一般来说要具备一定的税收筹划能力，税收筹划的目的是合理避税或延迟缴税。财税融资可以通过以下几种方式实现。

1.税收优惠

税收优惠是指政府为达到一定的经济、社会发展目标，对部分或全部纳税人实行的税收激励或减免。税收优惠一般采取以下几种方式。

（1）降低税率。

（2）税收减免。

（3）提高税收起征点。

（4）提高固定资产折旧率。

税收优惠一般是为了刺激和鼓励符合一定条件的特定企业的发展，如国家对高新技术产业的税收优惠。另外，我国当前对外资企业也有许多税收优惠政策，如“二免三减半”政策等。

2.减轻税负

企业可以进行税收筹划，合理减轻税负。

（1）企业尽量设立在有税收优惠的地区或开发区。

（2）进行合理的税前会计处理，减少税收支出。

（3）按照国家政策，积极进行技术改造和设备更新投资，降低税收支出。

（4）兼并企业，降低应税收入。

3.延期缴税

延期缴税就是将应缴的税款尽量拖后，这样企业就可以在一定的时间内继续无偿使用该笔税金。方法有如下几种。

（1）按期支付股利。

（2）加速折旧。

（3）利用会计制度与税法的差异，打时间差。

（4）期初费用超支，期末补缴税款。

4.财政补贴

财政补贴一般适用于符合一定条件的企业。这类补贴分为两部分：一部分是中央政府补贴，一部分是地方政府补贴。

中央政府补贴的主要对象是重要战略性行业和高新技术或科技攻关项目。地方政府对当地企业的补贴程度不一，但为了促进经济发展，补贴的范围较广。例如，有的地方政府规定，被国家、省（自治区、直辖市）政府认定的高新技术企业，自认定之年起，前3年和后2年分别享受企业所缴所得税地方财政留成部分的90%、45%的财政补贴；市级政府认定的高新技术企业前2年和后3年分别享受企业所缴所得税地方留成部分的90%、45%作为财政补贴。

财税融资方式是一种积极的融资方式，但是，这要在合理合规的前提下，绝不可以做违法的事情，绝不能以牺牲国家的利益来获得企业暂时的利益。

关键点提示

利用财税融资的方式有：

1.税收优惠；2.减轻税负；3.延期缴税；4.财政补贴。

6.19　如何利用企业并购融资

> **工作场景描述**
>
> 当要通过并购进行融资时，可查看。

解读与分析

企业并购是企业兼并和收购的简称，是指两个或两个以上的企业按照某种条件组成一个企业的产权交易行为。利用企业并购融资，就是用并购的形式代替企业直接融资的方式来发展壮大企业。

企业并购时按不同标准有不同的分类：从收购企业和被收购企业的关系来看，可分为横向并购、纵向并购、混合并购；按照是否有第三者出面，可分为直接并购和间接并购；根据并购动机，可分为善意并购和敌意并购。

1.企业并购的一般程序

（1）一般企业并购程序如下。

①通过产权交易市场或直接洽谈，初步确定并购和被并购企业，确定并购意向。

②被并购企业产权转让，规定需经过批准或股东同意的应先取得批准或同意。

③对被并购企业现有资产进行评估，清理债权债务，确定资产或产权的转让底价。

④通过协商或投标确定成交价，签订并购合同。

⑤办理产权转让的清算、交接及过户登记等法律手续。

（2）被并购企业与并购企业整合后，并购企业一般应进行事后审查，确定最初的统计和批准的投资在市场交易结束后是否正确。

2.选择目标企业

企业确定并购战略后，应选择合适的目标企业。目标企业的选定主要依据以下几方面。

（1）企业自我评价。首先企业要评估自身的经济实力，评估目前的资金实力、业务水平、产品在市场上所占份额和利润等；其次，企业要评估所在行业的现状和发展前景；再次，企业要权衡发展战略和发展方向。

（2）对目标企业进行分析。首先，分析其所处的行业环境，把握该行业发展的总体趋势，发现潜在的障碍。其次，对目标企业的财务状况进行分析，主要根据目标企业公布的年终报表、中期业务报告等财务报告。其中除文字说明外，资产负债表、损益表等主要的会计报表，是分析的主要依据。最后，要对企业的经营能力进行分析。

（3）对企业并购依据进行分析。分析并购双方的优势和劣势，包括财务经济状况、市场销售能力、市场分布状况、生产能力等，力求最大限度地实现协同效应。

（4）对企业并购可能性进行分析。其包括目标企业自身被并购的可能性、目标价格高低及并购方承受能力的大小。

3.对目标企业的审查

在实施企业并购战略时，有必要对目标企业进行审查，以了解目标企业各方面的情况。审查可通过目标企业的公开出版物、目标企业的专业顾问、登记机构、当地政府、目标企业的供应商、顾客等多渠道进行。同时，为了保证审查的科学性和真实性，通常要聘请注册会计师、律师和通晓国家产业政策的专家来协助审查。

审查主要包括以下类型。

（1）经营审查。其主要对企业的背景和历史、行业状况、营运状况、财务状况、税收状况、法律事务等进行审查。

（2）财务审查。其主要审查目标企业有无为减少税收而低估库存品的价值，由产品过剩、销售退回和折让引起的由于没有记录废弃库存品而产生的库存高估，由于需承担产品责任或环境侵权责任所导致的诉讼等。

4.企业并购支付的方式

现今，并购支付可采取现金支付、股票换股票或资产、承担债权债务等几种方式。

现金支付是最为普遍的支付方式。对于大规模的并购活动，并购方往往需要预先进行大规模的筹资活动，以保证有足够的资金完成交易。

股票换股票或资产，是指并购方向目标企业的股东发行股票，由目标企业股东将所持的目标企业的股票作为对价交付给并购方，并取得并购方所发行的股票，或者目标企业的股东将目标企业的资产折算成并购方的股份，将该资产交付并购方，并从并购方处取得相应数量的并购方的股票。

承担债权债务通常发生在兼并中，尤其是一个优势企业兼并一个劣势企业时，优势企业只需承担劣势企业的全部债权债务，不须另外支付对价。

5.并购交易的方式

并购交易可以采取兼并目标企业、收购目标企业资产、收购目标企业股票这几种形式。并购方需要根据自己的实力和目标，对这几种形式进行分析比较并做出选择。这几种形式主要有以下几方面的区别。

（1）并购方风险承担方面。兼并目标企业时，并购方需要承担目标企业的债务，包括未列明债务和或有负债；资产收购时，并购方不承担目标企业债务；股权收购时，并购方对目标企业原有债务不负连带责任，仅以购股出资的股金为限承担风险责任。

（2）谈判难易程度方面。兼并目标企业、资产收购时，并购方只需同一个卖主谈判；而股权收购时，需同一批股东或其代表谈判，比较复杂。

（3）职工负担方面。兼并目标企业时，并购方需接收职工，承担养老金计划义务；资产收购时，并购方不接收职工，不承担养老金计划义务；股权收购时，并购方与目标企业共同负担养老金计划义务。

（4）税收方面。兼并目标企业和资产收购时，并购方无须纳税；股权收购时，并购方需纳税，无税收减免。

在资本市场上，企业兼并是企业进行资本运作融资的主要方式之一，特别是在成熟的资本市场中，运用较为频繁。随着我国资本市场的不断完善，掌握企业并购的基本知识对于企业合理利用并购融资越来越重要。

关键点提示

企业并购融资的主要内容有：

1.企业并购的一般程序；2.选择目标企业；3.对目标企业的审查；4.企业并购支付的方式；5.并购交易的方式。

6.20 如何申请科技型中小企业技术创新基金

工作场景描述

当要争取科技型中小企业技术创新基金支持时，可查看。

解读与分析

科技型中小企业技术创新基金是经国务院批准设立，用于支持科技型中小企业技术创新的政府专项基金。其通过拨款资助、贷款贴息和资本金投入等方式扶持和引导科技型中小企业的技术创新活动，促进科技成果的转化。

科技型中小企业技术创新基金作为政府的专项基金，按照市场经济的客观规律进行运作，扶持各种所有制类型的科技型中小企业，并有效地吸引地方政府、企业、风险投资机构和金融机构对科技型中小企业进行投资，逐步推动建立起符合市场经济客观规律的高新技术产业化投资机制。

1.创新基金支持的对象

按照有关规定，申请科技型中小企业技术创新基金的项目和企业要具备以下条件。

（1）创新基金支持的项目需符合以下条件。

①符合国家产业、技术政策，技术含量高，创新性较强，技术处于国内领先水平。

②《项目申报指南》中所列的项目范围。

③必须是以生产、销售和赢利为目的，产品有明确的市场需求和较强的市场竞争力，可以产生较好的经济效益和社会效益，并有望形成新兴产业。

（2）承担创新基金支持项目的企业应具备以下条件。

①具备独立企业法人资格。

②主要从事高新技术产品的研究、开发、生产和服务业务，申请支持的项目必须在其企业法人营业执照规定的主营范围内。

③领导班子有较强的市场开拓能力和较高的经营管理水平，并有持续创新的意识。

④职工人数不超过500人，具有大专以上学历的科技人员占职工总数的比例不低于30%，直接从事研究开发的科技人员占职工总数的比例不低于10%。

⑤有良好的经营业绩，资产负债率不超过70%，每年用于高新技术产品研究开发的经费不低于销售额的5%。申请当年注册的新办企业不受此限制。

⑥有健全的财务管理机构、严格的财务管理制度和合格的财务管理人员。

（3）创新基金重点支持的对象如下。

重点支持的项目：

①相关高新技术领域中自主创新性强、技术含量高、具有竞争力、市场前景好的研究开发项目；

②科技成果转化项目，特别是“863”计划、攻关计划、重大科技专项相关成果的产业化项目以及利用高新技术改造传统产业的项目；

③具有一定技术含量，在国际市场上有较强竞争力，以出口为导向的项目；

④有一定基础的初创期企业的项目，尤其是孵化器内孵化企业的项目、海外留学人员回国创办企业的项目。

重点支持的企业：

①技术水平高、持续创新能力强、管理科学、产品市场前景好和成长性好的企业；

②科技人员或海外留学人员携带具有良好产业化前景的高新技术项目创办的企业。

2.创新基金支持的方式

根据企业的不同特点和项目所处的不同阶段，创新基金分别以贷款贴息、无偿资助等不同方式支持科技型中小企业的技术创新活动。

（1）贷款贴息

①主要用于支持产品具有一定的创新性，需要扩大规模，形成批量生产，银行已经给予贷款或意向给予贷款的项目。

②项目计划新增投资额一般在3000万元以下，资金来源基本确定，投资结构合理，项目执行期（执行期从项目申报之日起计）为1年以上，3年以内。

③贷款贴息的贴息总额可按贷款有效期内发生贷款（近期完成投资额加上计划新增投资额中的贷款部分）的实际利息计算；贴息总额一般不超过100万元，个别重大项目

不超过200万元。

④企业经科技担保机构进行担保所获得的贷款，项目符合条件时，创新基金重点进行贴息支持。

（2）无偿资助

①主要用于技术创新产品在研究、开发及中试阶段的必要补助。

②企业注册资本最低不得少于30万元。

③申请无偿资助的项目，目前尚未有销售或仅有少量销售。

④无偿资助支持的项目执行期为两年，项目计划实现的技术、经济指标应按满两年进行测算，项目完成时要形成一定的生产能力，并且在项目完成时实现合理的销售收入。创新基金一般不支持实施期不满两年的项目，也不支持项目完成时仍无法实现销售的项目。

⑤项目计划新增投资在1000万元以下，资金来源确定，投资结构合理。

⑥在项目计划新增投资中，企业需有与申请创新基金数额等额以上的自有资金匹配。一般情况下，企业申请资助数额不能大于企业的净资产数额。

⑦为了达到共同支持创新项目的目的，地方政府部门对项目应有不低于创新基金支持数额50%的支持资金。同等条件下，地方政府部门支持多的项目，创新基金将重点支持。

地方政府的支持资金应为项目申请创新基金时或创新基金支持之后对该项目的资助。地方政府所承诺的支持资金必须在创新基金正式立项之后的半年内下达给企业50%以上，并在项目完成验收之前全部下达企业。

⑧创新基金资助数额一般不超过100万元，个别重大项目不超过200万元。为保证项目资金的落实，对申请数额超过100万元的项目，当申请数额与拟支持数额差距大于50万元时，企业需重新提供资金筹措方案及相应的证明，审核通过后才确定是否支持。

⑨企业应独立或共同拥有申请项目的知识产权。

3.申请程序

符合创新基金申请条件的项目，企业可按下列程序提出申请。

（1）企业到管理中心指定的申请资料发行机构或当地科技主管部门、国家高新技术产业开发区管理委员会购买《科技型中小企业技术创新基金申请材料汇总》，认真阅读并了解有关要求。

（2）企业按要求准备申请材料，并按规定格式录制项目申报视频文件。

申请创新基金支持的企业，应实事求是地认真撰写、组织和提交以下申请材料。

①撰写《科技型中小企业技术创新基金项目申请书》。

申请无偿资助支持的项目，项目执行期应写满两年，即项目“计划完成时间”为项目申请时间后的两年。项目计划实现的技术、经济指标均按上述时间测算。申请贷款贴息支持的项目，项目执行期应为项目申请时间后的1 ~ 3年，项目计划实现的技术、经济指标均应按上述时间测算。

申请贷款贴息支持的项目，贴息的总额可按贷款有效期内发生贷款（近期完成投资额中银行贷款加上计划新增投资来源中的贷款部分）的实际利息计算。

申请贷款贴息支持的项目，必须分别由企业开户所在地银行信贷部门和贷款审批银行（必须是经中国人民银行批准的可以经营信贷业务的金融机构）在申请书的“信贷部门意见”栏中签署详细、明确的承贷意见。

②编制《科技型中小企业技术创新基金项目可行性研究报告》。

《科技型中小企业技术创新基金项目可行性研究报告》是创新基金项目评审依据的主要文件，企业必须按《科技型中小企业技术创新基金项目可行性研究报告编制提纲》（在《科技型中小企业技术创新基金申请材料汇总》中提供）的要求进行编制。

《科技型中小企业技术创新基金项目可行性研究报告》编制完成后，须将主要内容摘要按要求录制在申请视频文件相应栏目中。专家论证意见和专家名单亦应按要求录制在申请视频文件中。录入视频文件的数据及主要内容必须与书面材料一致。

申请无偿资助方式支持的项目（研发阶段、中试阶段），在项目完成时要有销售收入，在可行性研究报告中应有明确的、实事求是的销售测算。

③编制《科技型中小企业技术创新基金申请项目概要》。

按《科技型中小企业技术创新基金申请项目概要编制提纲》（在《科技型中小企业技术创新基金申请材料汇总》中提供）编制，其内容须与《科技型中小企业技术创新基金项目可行性研究报告》一致，可以直接从《科技型中小企业技术创新基金项目可行性研究报告》中摘取。

④签署“科技型中小企业技术创新基金项目合同”草本。

“科技型中小企业技术创新基金项目合同”草本中的数据和内容全部取自《科技型中小企业技术创新基金项目申请书》和《科技型中小企业技术创新基金项目可行性研究报告》。申请企业在打印合同草本前，要认真核实申请书和可行性研究报告，准确无误后打印出“科技型中小企业技术创新基金项目合同”草本。企业法定代表人须在合同草本上签字并加盖企业公章。

项目立项公告后，有关部门将依据“科技型中小企业技术创新基金项目合同”草本与企业签署正式的“科技型中小企业技术创新基金项目合同”。

⑤出具“科技型中小企业技术创新基金项目推荐意见表”。

“科技型中小企业技术创新基金项目推荐意见表”由推荐单位出具并加盖公章。由推荐单位或推荐单位指定的单位按要求将“科技型中小企业技术创新基金项目推荐意见表”中的内容录入到申请视频文件中，并确保视频文件内容与书面意见一致。

（3）企业将申请材料送推荐单位。推荐单位按有关文件及须知要求进行审核，对通过审核的项目进行推荐，并按统一要求填写推荐意见表，按规定格式录制视频文件。

（4）装订申请材料，并在规定时间内将申请材料邮寄至管理中心。申请材料寄出后，非经管理中心要求，不得更改或增减。

（5）推荐单位。

①企业提出的项目申请须经一个推荐单位推荐。推荐单位一般应在企业所在地区选择。推荐单位必须是熟悉企业及申请项目情况的地市以上（含地市）人民政府的科技主管部门、地市以上（含地市）人民政府的行业主管部门、各国家高新技术产业开发区管理委员会。

②推荐单位需对企业提交的申请材料的真实性、可靠性做出评价，对地方政府提供或承诺的支持资金进行核实，并认真填写“科技型中小企业技术创新基金项目推荐意见表”。

③推荐单位必须严肃、认真、科学、公正、高效地履行其职责，积极、热情地为企业做好服务工作。如发现有重大失误或虚假行为，管理中心将不再受理其推荐的项目。

科技型中小企业技术创新基金是我国政府扶持中小企业的重要形式之一。获得创新基金不仅仅是获得资金，还会给创新企业带来较高的信誉，从而有利于企业的长远发展。

关键点提示

有关科技型中小企业技术创新基金的内容有：

1.创新基金支持的对象；2.创新基金支持的方式；3.申请程序。

6.21　如何利用企业间借贷融资

工作场景描述

当通过金融市场无法有效筹集到资金，想利用企业间借贷融资时，可查看。

解读与分析

企业间借贷是指企业法人与其他组织或法人之间的借贷关系，属于民间借贷的一种。

1.企业间借贷可缓解中小企业融资困境

目前企业之间的借贷行为已经非常普遍。企业间借贷有利于促进金融资产配置格局，有利于分散间接融资风险。中国人民银行的统计结果表明，我国的金融资产主要集中于银行金融资产，结构性矛盾十分突出。企业间借贷可以改善金融结构：首先，资金富裕的企业不会把钱全部存到银行里，银行存款可以有所分流；其次，资金短缺的企业也不会完全依靠银行贷款。这样一来，就分散了间接融资压力。企业间可以自行融通资金，银行贷款占金融资产比重的压力将大大减轻，金融资产的失衡状况将有所改善。

同时，对于企业来讲，企业间借贷缓解了中小企业贷款难的现状。中小企业贷款难，是一个世界性的难题，世界各国采取了财政补贴、信用补充、政策性贷款等许多政策，我国也已经出台了许多政策，试图缓解中小企业融资难的状况，但是收效甚微。实际上，中小企业的债权融资还可以采取一些别的方式，目前在国外采取的一种办法是企业间借贷，尤其是小企业向大企业借贷，在政策上更应放宽一些。

重要的是，放开企业间借贷，使得企业间借贷的成本降低，资金流通路径畅通，不仅符合市场经济规律，还提高了资源配置效率，有利于资源的合理配置，这是市场经济发展的必然选择。

2.企业间借贷应注意的问题

由于参与的主体参差不齐，企业间借贷履行手续缺少标准统一的格式，往往会引发民事纠纷。为了避免企业间发生借贷纠纷，防范企业间的借贷风险，在借贷时应做到以下几点。

（1）借贷关系要合法。公平、自愿、合法是《中华人民共和国民法典》的基本原则。任何民事活动都要遵守法律、行政法规，尊重社会公德，不得扰乱社会经济秩序，损害社会公共利益。如果出借人明知借款人是为了从事非法活动，如进行赌博、走私、诈骗、买卖毒品或贩卖枪支等而借款的，其借贷关系不受法律保护。出借人不但得不到债权，还要依据有关法律予以民事制裁和行政制裁，甚至追究其刑事责任。此外，自然人之间的民间借贷必须出于自愿。法律规定，一方以欺诈、胁迫等手段或者乘人之危，使对方在违背真实意愿情况下所形成的借贷关系，应认定为无效。

（2）订立规范的书面协议。出、借双方订立书面协议时，协议上应写有：出借法人和借款法人的名称，并签法人章；借款用途；借款金额（大小写一致）；币种（人民币还是外币）；借款时间和还款时间（标明某年某月某日）；还款方式和违约责任等。如果是有利息的借款，协议上必须写清利率。

（3）约定合理的利息。在借贷纠纷之中，往往会因为利息引起纠纷。借贷双方要事先约定合理的利率，没有事先约定的，参照同期银行贷款利率或者双方协商确定。但是，按照有关规定，最高利率不能超过同类贷款利率的4倍。

（4）注意诉讼时效。凡借出的款项已经超过双方约定期限，但借款仍未归还的，出借人要考虑催要，提醒借款人，催告其在合理的期限内返还借款。《中华人民共和国民法典》规定：向人民法院请求保护民事权利的诉讼时效期为三年。如果超过三年的诉讼时效，人民法院将不予受理，出借人的债权就失去了法律保护。

企业间借贷，会随着金融体制的逐步完善而得到巨大发展。特别是中小企业，可以根据自身的情况，积极选择企业间借贷的渠道，进而解决企业的融资难题。

关键点提示

企业间借贷要注意的主要问题：

1.借贷关系要合法；2.订立规范的书面协议；3.约定合理的利息；4.注意诉讼时效。